법정 스님으로부터

무소유를 읽다

법정 스님으로부터
무소유를 읽다

초판 1쇄 발행 | 2016년 3월 11일

지은이 | 고수유
발행인 | 김태영
발행처 | 도서출판 씽크스마트
주   소 | 서울특별시 마포구 토정로 222(신수동) 한국출판콘텐츠센터 401호
전   화 | 02-323-5609 · 070-8836-8837
팩   스 | 02-337-5608

ISBN 978-89-6529-133-6 03200

- 잘못된 책은 구입한 서점에서 바꿔드립니다.
- 이 책의 내용, 디자인, 이미지, 사진, 편집구성 등을 전체 또는 일부분이라도 사용할 때에는
  저자와 발행처 양쪽의 서면으로 된 동의서가 필요합니다.
- 도서출판 〈사이다〉는 사람의 가치를 밝히며 서로가 서로의 삶을 세워주는 세상을 만드는 데 기여하고자 출범한,
  인문학 자기계발 브랜드 '사람과 사람을 이어주는 다리'의 줄임말이며, 도서출판 씽크스마트의 임프린트입니다.
- 원고 | kty0651@hanmail.net

이 도서의 국립중앙도서관 출판예정도서목록(CIP)은 서지정보유통지원시스템 홈페이지(http://seoji.nl.go.kr)와
국가자료공동목록시스템(http://www.nl.go.kr/kolisnet)에서 이용하실 수 있습니다.(CIP제어번호: CIP2016005875)

법정 스님으로부터

무소유를 읽다

고수유 지음

사이다
사람과 사람을
이어주는 다리

머리말

진정한
행복의
길은?

행복이 간절한 때입니다. 경제가 어렵고 미래가 불투명하다 보니 행복에 대한 갈구가 더 거세기만 합니다. 하지만 행복을 찾기가 점점 어려워지고 있습니다. 대부분의 사람은 많이 소유하지 못해서라고 말합니다. 과연 그럴까요?

법정 스님은 진정한 행복은 더 많이 소유하는 데서 오지 않는다고 합니다. 법정 스님은 『새들이 떠나간 숲은 적막하다』에서 말했습니다.

> 행복의 비결은 우선 자기 자신으로부터 불필요한 것을 제거하는 일에 있다. 사람이 마음 편하게 살기 위해서 무엇이 필요하고 무엇이 필요하지 않은지 크게 나누어 생각할 줄 알아야 한다. 진정한 자기 자신이 되려면 자기를 억제할 수 있어야 한다. 인간을 멍들게 하는 분수

밖의 소유욕에 사로잡히게 되면, 그 소유의 좁은 골방에 갇혀 드넓은 정신세계를 보지 못한다.(샘터, 2002, 155쪽.)

불필요한 것을 없애는 일, 곧 소유욕에서 탈피하는 것이 행복의 비결이라고 말합니다. 꼭 필요한 것만을 가져야 마음의 평화, 곧 행복이 찾아온다는 거지요.

법정 스님은 몸소 무소유의 삶을 살았기에, 그분의 말에는 많은 울림이 있습니다. 홀로 산중에서 최소한의 음식과 물건으로 살아갔고, 책 인세를 아무도 모르게 어려운 사람을 위해 썼습니다. 또한 무소유 정신에 입각해 불교계와 정치계에 곧은 소리를 했습니다. 스님은 입적할 때도 무소유를 당부하는 유언을 남겼습니다. 법정 스님은 무소유, 그 자체였습니다.

이 책은 법정 스님의 '무소유의 삶'을 통해 진정한 행복의 길을 전하기 위해 쓰였습니다. 전보다 더 어려운 경제적 여건 속에서 살아가는 분들에게 진정한 행복의 비결을 알려주기 위해서입니다. 법정 스님은 행복은 필요한 것을 소유하면서 감사하는 데서 찾아온다고 말합니다. 이 책을 통해, 가까운 곳에 있었지만 까맣게 잊어버렸던 행복을 되찾길 바랍니다.

고수유

차례

머리말 • 4
진정한 행복의 길은?

1장 출가와 수행

영원한 자유인의 길	• 15
출가	• 20
효봉 선사와의 조우	• 25
행자 시절의 무자 화두 참선	• 31
다 같이 굶자꾸나	• 37
쥐와의 인연	• 40
젊은 스님의 자비	• 44

2장 해인사 시절

자네의 본래면목은 어떤 것인가?	• 51
해인사의 '빨래판 같은 것'	• 56

시은을 두려워하라	• 61
소소산방에서 『화엄경』 읽기	• 65
외할머니와의 사별	• 70
무(無)라	• 75
불교, 사회와 템포를 맞추어야	• 79
굴신 운동 비판	• 83

3장 다래헌 시절

다래헌 일지	• 89
차와 선은 한 가지	• 94
도둑맞은 탁상시계	• 98
수녀님의 음악 공양	• 102
민주화 운동과 함석헌	• 106

4장 불일암 시절

삐삐용 식탁	•113
법정과 성철, 경쟁자이자 도반	•117
첫 제자와의 약속	•121
네가 서 있는 바로 그 자리다	•126
이웃이 바로 살아 있는 부처예요	•130
불일암을 찾은 이해인 수녀	•134
비구니가 된 수녀	•139
'베토벤'을 통한 무주상보시	•144
어머니에게 차려드린 점심 식사	•148
〈산행〉의 명상 음악가	•152
동화 작가 정채봉과의 인연	•157
돌려준 오디오	•161
산중에 사는 게 사회학적으로 어떤 의미가 있습니까?	•164
원고료입니다, 거들고 싶습니다	•167
그런 데 가면 차 맛을 잊어버릴 거요	•171

5장 강원도 오두막 시절

강원도 화전민 오두막으로 떠나다	• 177
연못에 연꽃이 없더라	• 182
프랑스의 길상사 개원	• 186
맑고 향기롭게 살아가기 운동	• 190
일곱 상좌들과 '불일암 수칙'	• 196
길상사, 선방으로 거듭난 1,000억대 요정	• 202
성탄 메시지와 명동성당 초청 강연	• 207
소로의 월든 호수를 찾다	• 213
최인호 소설가와의 대담	• 217
스승의 은혜	• 223
뉴욕에서 만난 혜민 스님	• 226
혼자 있게 되면 내면의 소리도 들을 수 있습니다	• 229
입적	• 232

법정 스님 연보와 행장 • 238
법정 스님이 남긴 책 • 246
법정 스님이 사랑한 영혼의 책 • 250
참고문헌·자료 • 254
주석 • 256

일러두기

1. 이 책의 에피소드는 법정 스님의 저서와 신문 기사 등을 주로 참고하였고, '참고문헌·자료'와 '주석'에 출처를 밝혀두었습니다.
2. 단행본과 잡지는 『 』로, 시, 단행본 안의 글과 잡지 안의 글은 「 」로, 신문 기사, 방송 프로그램, 노래, 영화, 그림은 〈 〉로 표기하였습니다.

1장

출가와 수행

영원한
자유인의
길

'부처님, 더 이상 이 땅에 전쟁이 일어나지 않도록 보살펴 주시옵소서. 또한 하루빨리 온 국민이 전쟁의 상처를 딛고 일어날 수 있도록 도와주시옵소서. 가난하고 힘없는 이 나라의 백성이 무슨 죄가 있겠습니까? 부디 남과 북이 한마음으로 서로를 위하고 사랑하는 형제로 돌아오기를 간절히 바랍니다.'

청년 박재철은 아침저녁 예불을 드릴 때마다 간곡히 부처님께 청원했다. 그는 학비를 벌기 위해 전남대 3학년을 휴학한 상태였다. 평소 불교에 관심이 많던 그에게 친구 태순이 도움의 손길을 내밀었다. 그래서 친구 이모님의 주선으로 박재철은 정혜원에 묵으면서 일할 수 있었다. 그가 하는 일은 불교 학생회 총무였다. 이 일을 하면서 부처님 가까이에서 지내는 동안 마음속의 번민이 모두 사라지길 바랐다.

시간이 지나면서 홀로 예불을 드리는 시간이 많아졌다. 그럴수록 그의 머릿속에서 뉴스의 한 장면이 지워지지 않았다. 피난 통에 남편과 헤어졌던 한 아낙네가 땅바닥에 주저앉아 울고 있었다. 그간 소식이 없던 남편이 국군 유골로 돌아온 것이다. 옆에서는 코흘리개 남자아이가 천진난만한 표정으로 큰 눈망울을 반짝였다.

이와 함께 땅끝마을 해남의 고향집이 떠올랐다. 할머니와 어머니 그리고 여동생이 그리웠다. 가난한 집안의 장남으로 태어난 그는 할머니와 어머니의 기대를 한몸에 받았다. 대학을 졸업해 번듯한 사회인이 되어 가장의 역할을 해주길 바랐다.

하지만 그는 이 사회와 현실에 환멸을 느끼고 있었다. 감수성 예민한 사춘기에 한국전쟁을 겪은 그의 뇌리에는 줄곧 의문이 떠나지 않았다.

'어찌하여 같은 동족끼리 총부리를 겨누고 피비린내 나

는 학살을 저지를 수 있단 말인가? 도대체 이념이라는 게 무엇이기에 이토록 수많은 생명을 앗아갈 수 있단 말인가? 전혀 이해할 수 없어. 아아, 너무나 슬프고도 괴로워.'

죽음이 문제였다. 그 자신 또한 죽음의 존재였기에 종교의 힘에 의지하고자 정혜원을 찾았다. 이곳에서 머무는 동안 점점 부처님의 품 안에 빠져들었고, 이와 함께 부귀영화, 입신양명 따위는 지푸라기처럼 하찮게 여겨졌다. 그는 고향의 작은 방에 걸어둔 밀레의 〈만종〉에 나오는 두 남녀를 닮아가고 있었다.' 광활한 들판에 오롯이 선 채로 두 손 모으고 기도하는 모습은 영락없이 그 자신이었다. 현재의 자신에게는 불심 외에는 무엇도 허락되지 않았다.

그는 자신의 길을 자신할 수 없었다. 하루에도 수차례 고향집이 떠올랐고, 이 나라 백성의 처참한 삶이 가슴을 찔렀다. 젊은 혈기에 못 이겨 당장이라도 절문을 박차고 나가고 싶었다. 그럴수록 경전을 읽으면서 마음을 독하게 다잡았다.

이 와중에 젊은 승려 시인 고은과의 만남은 결정적으로 불교에 귀의하는 계기가 되었다. 당시 고은은 목포에 내려와 전후 세대의 허무주의를 대변하는 사르트르의 실존

주의와 불교에 대해 강연했다. 그에게서 불교가 자신이 온 생애를 걸 유일한 답이라는 확신을 얻었다. 이제 영원히 자유로워지는 길, 곧 출가는 피할 수 없는 운명으로 다가왔다.[2]

* * *

스님의 속가 이름은 박재철입니다. 스님은 1932년 10월 8일 전남 해남군 문내면 선두리에서 박근배 씨와 김인엽 씨의 아들로 태어났습니다. 한 명 있는 여동생은 배다른 동생이라고 합니다. 스님은 가난한 환경에서 고학하며 대학을 다녔지만, 결국 한국전쟁을 통해 맞닥뜨린 인간 존재의 문제를 비켜 갈 수 없었습니다. 스님은 말합니다.

> 이 땅에 태어난 사람이라면 누구나 그랬듯이 한 핏줄 같은 이웃끼리 총부리를 마주 대고 미쳐 날뛰던 동족상잔인 6·25 동란의 소용돌이 속에서 인간 존재에 대한 물음 앞에 마주 서지 않을 수 없었다. 사상과 이념이 무엇이기에 같은 형제와 겨레끼리 물고 뜯으며 피를 흘려야 하는지 어린 나로서는 도무지 이해할 수가 없었다. 한창

감수성이 예민한 학창 시절에 밤을 새워가면서 묻고 또 물으면서 고뇌와 방황의 한 시절을 보냈다.[3]

스님이 한국전쟁을 통해 직면한 인간 존재의 물음은 결국 "왜 인간은 죽는가? 내 삶의 의미가 무엇인가?"로 귀결되지 않을까요? 이 질문은 참으로 감당하기 힘듭니다. 이로 인해 청년 박재철은 속세의 삶을 지푸라기처럼 미련 없이 버리고 출가를 결심했지요. 죽음의 존재인 자아에 대한 해답을 얻기 위해서 말입니다.

"죽고 싶다", "죽을 것 같다"라고 자주 말하는 분에게 필요한 것이 출가의 마음 자세, '출가 정신'입니다. 죽고 싶고 죽을 것 같은 심정은 근본적으로 속세에 대한 강한 집착에서 생깁니다. 집착이 없으면 괴로움과 번민이 없기에 그런 마음이 생겨나지 않습니다. 따라서 죽고 싶고 죽을 것 같은 마음이 들 때는 집착을 훌훌 다 털어버리고 출가를 결심한 수도승의 '출가 정신'을 가져보세요.

출가

"친구 집에 다녀오겠습니다."

이 말을 마지막으로 남기고 박재철은 대문을 나섰다. 어머니는 목포에서 돌아온 아들이 친구를 만나러 간다는 말에 별다른 의심을 하지 않았다. 평소처럼 어머니는 집안일에 정신이 없었다. 그가 대문을 나서자 허공에 싸락눈이 어지럽게 흩날렸다.

그는 책 세 권을 넣은 가방을 들고 서둘러 기차역으로 향했다. 자꾸만 어머니와 할머니, 누이의 얼굴이 눈에 밟혔다. 하지만 출가는 부정할 수 없는 기정사실이었기 때문에 추호도 망설이지 않았다. 훗날 그는 자신이 전생에 출가 수행자였을 것이라고 말했다.[4] 그래서인지 그의 발걸음은 단호하고 결연하기까지 했다.

간밤에 그는 편지 한 장을 사촌 아우에게 남겼다. 사촌 아우는 어릴 때 한 방에서 살았기에 누구보다 정이 도타웠다. 남동생처럼 지내온 사촌에게 미안한 마음이 컸다. 나중에 어른이 된 사촌 아우는 그를 대신해 그의 어머니를 모시고 살았고, 그의 어머니가 돌아가시자 제사를 모셨다. 그는 편지에 마음을 솔직히 적었다.

너희들을 대할 때마다 나는 양심에 무한한 가책을 받는다.
미약하나마 힘을 조금도 보탤 수 없는 무능한 나를 부끄러워할 뿐이다.

성직아
고난을 겪는 사람은 행복하게만 사는 사람보다는
훨씬 인생에 대해서 경험이 많아서 자신이 생기고
또한 생활에 대한 저항력도 길러지는 것이다.
누구보다도 인생에 대해서 심각하게 체험한다는 것이다.
이렇게 자위를 하면서 살아가야 할 것이다.

할 말이 실로 많으나 한이 없겠기로 줄인다.
항상 몸과 마음이 함께 건강하여라.

"마음에 따르지 말고 마음의 주인이 되어라."[5]

이윽고 기차에 몸을 실은 그는 눈을 감았다. 요란하게 기적을 울리면서 기차가 역사를 떠났다. 그는 목포의 정혜원에 잠깐 머문 후, 서울을 거쳐 오대산 월정사로 향하기로 했다. 홀로 오대산 숲길을 걸어가는 자신의 모습이 선명하게 그려졌다. 그러자 안도의 숨이 흘러나왔다.

'이제 나는 삶과 죽음의 이분법에서 벗어나는 거야. 삶과 죽음에서 오는 고통에서 해방되는 거야. 지금 나는 삶과 죽음을 넘어선 자유의 길을 가는 거야.'

본래 그는 오대산 월정사의 한암 스님에게 출가 허락을 받고 싶어 했다. 그런데 서울에서 만난 월정사의 스님에게서 한암 스님이 입적했다는 말과 함께, 폭설로 인해 교통이 두절되어 한동안 월정사로 갈 수 없다는 말을 듣게 된다. 하는 수 없이 계획을 수정해, 아는 스님의 소개로 선학원에 있는 효봉 스님을 찾아간다.

＊ ＊ ＊

 스님이 출가할 때의 심정은 최인훈의 소설 『광장』에 나오는 이명준의 그것과 닮았습니다. 이명준은 남한과 북한 어느 쪽으로도 송환되기를 단호하게 거부합니다. 자본주의 이데올로기와 사회주의 이데올로기 둘 다 부정하기 때문입니다. 그는 그 둘로부터 벗어난 중립국에서 새 삶을 영위하고자 합니다. 그곳에서야말로 진정한 자유가 보장되기 때문입니다. 스님은 말합니다.

> 집을 나온 그때의 심경은 그 어디에도 매이지 않는 자유인이 되고 싶은 마음뿐이었다. 휴전이 되어 포로 송환이 있을 때 남쪽도 북쪽도 마다하고 제삼국을 선택, 한반도를 떠나간 사람들의 바로 그런 심경이었다.[6]

 양극단에 얽매이는 태도는 많은 문제를 낳습니다. 필연적으로 선에는 악이, 삶에는 죽음이, 진보에는 보수가, 건설에는 파괴가 따라오기 때문에 고통을 피할 수 없습니다. 인간은 부정적인 개념인 악, 추, 죽음으로 인한 번민에 휩싸이게 될 뿐만 아니라, 우리 사회는 양극단으로 나누어져

첨예하게 대립하고 갈등할 수밖에 없습니다.

이 문제의 해법을 주는 것이 바로 '중도(中道)'입니다. 이는 '양극단을 떠나 어느 한편에 치우치지 않는 바른길'을 말합니다. 법정 스님이 출가할 때의 심경을 빗댄, 남쪽도 북쪽도 마다하고 제삼국을 선택한 포로가 걸어가는 길이 곧 중도입니다.

스님이 번역한 『숫타니파타』에서는 현자의 덕목으로서 중도를 강조합니다.

> 현자는 양극단에 대한 욕망을 절제하고, 감각과 대상의 관계를 잘 알아서 탐하는 일이 없다. 자기 자신조차 비난할 만한 나쁜 짓을 하지 않고, 보고 듣는 일에 팔리지 않는다.[7]

효봉 선사와의 조우

박재철은 목포 정혜원에서 효봉 선사를 뵌 적이 있었다. 기쁜 마음으로 안국동 선학원에 찾아갔다. 찬 겨울바람이 거세게 몰아치고 있었다. 목덜미로 사정없이 한기가 몰려들었다. 걸음을 옮겨 조실(祖室, 사찰에서 최고 어른을 이르는 말) 방 앞에 섰다. 복잡한 생각으로 머리가 어지러웠다.

잠시 숨을 고르고 나자 마음이 편해졌다. 그는 조심스레 조실 방문을 열고 안으로 들어갔다. 효봉 선사가 기다리고 있었다. 선사는 판사 출신이었는데, 사형 선고를 내린 일로 번민하다가 출가했다. 38세에 자신이 엿장수라고 속이고 금강산 신계사에서 출가했다. 한번 앉으면 꿈쩍하지 않고 밤낮으로 수행해서 '절구통 수좌'라 불리고 있었다.

마주 앉은 효봉 선사는 반가좌를 한 채 미동도 없었다. 그에게 형언할 수 없는 경외감이 들었다. 지긋이 자신을 응시하는 선사의 눈매를 보자 등골이 서늘했다. 자신의 과오를 낱낱이 꿰고 있는 듯했다. 박재철에게는 뼈저리게 후회하는 잘못이 있었는데, 출가 후에 참회해야 할 과제였다.

중학교 1학년 때였다. 학교를 파하고 친구들과 함께 집으로 돌아오다가 우연히 장애인 엿장수를 만나게 되었다. 친구들과 함께 그는 장난기가 발동했다. 엿장수의 엿판에 모여 엿을 사려는 듯 이것저것 고르는 척했다. 그러면서 엿 몇 개를 슬쩍했다. 팔 하나가 없고 말을 더듬는 엿장수는 전혀 눈치채지 못했다. 그는 훔친 엿가락을 친구들과 함께 맛있게 먹었다.

이 일이 두고두고 마음에 걸렸다. 건강한 엿장수에게 그랬다면 차라리 죄책감이 덜했을지 모른다. 그런데 자신은 세상에서 버림받은 장애인에게 몹쓸 짓을 하고 만 것이다. 참으로 부끄럽고 괴로웠다.

그는 선사에게 말했다.

"저는 육이오로 인해 수많은 인명이 살상되는 걸 생생하게 지켜봐 왔습니다. 그토록 소중한 생명이 하루살이처럼 스러지는 걸 보면서 삶에 대한 회의를 느꼈습니다. 인간은 결국 죽음의 존재라는 걸 뼈저리게 통감하게 된 저는 더 이상 보통 사람처럼 살아갈 수 없었습니다. 그래서 삶과 죽음의 고통을 벗어나 영원한 진리를 구하고자 출가를 결심했습니다. 선사님을 은사로 모시고 수행 정진하겠습니다."

선사는 아무 말 없이 그의 얼굴을 곰곰이 살펴보았다. 마치 그의 얼굴에서 전생의 흔적을 찾아내려는 듯했다. 선사가 물었다.

"생년월일이 어떻게 되나?"

그가 대답했다.

"1932년 10월 8일에 태어났습니다."

선사가 담담한 목소리로 말했다.

"출가를 허락하네."

선사에게는 말이 군더더기 같았다. 선사는 최소한의 언어로 모든 것을 말했다. 잠시 후 그는 삭발을 했다. 지난날 장애인 엿장수에게 저지른 과오를 참회하고 나서 속으로 끝없이 되뇌었다.

'세상의 애착을 끊었나이다. 출가하여 불법을 배우고 펴서 일체중생 제도하기 원하옵니다.'

곧이어 승복으로 갈아입고 선사께 인사드렸다. 선사는 그를 선뜻 알아보지 못했다. 곁에 있던 스님이 방금 전에 삭발하고 옷을 갈아입은 행자라고 소개하자 그제야 그를 알아보았다. 선사가 미소를 지으며 말했다.

"허허, 구참(久參 오래 수행한 승려) 같구나. 오늘부터 그대의 법명은 법정(法頂)이네. 수행 정진하여 법의 정수리에 서라는 의미를 가슴에 잘 새겨두게."

* * *

스님이 출가한 계기, 곧 발심하게 된 동기는 잘 알려져 있습니다. 한국전쟁이라는 시대 상황에서 생겨난 삶과 죽음의 문제가 그것입니다. 이에 비해 스님이 진심으로 참회하고자 했던 일은 비교적 아는 이가 적은 듯합니다. 이 또한 출가의 계기로 작용한 것이 분명합니다.

스님은 자신이 지은 허물 하나하나에 괴로워하면서 참회하고자 했습니다. 스님이 속세에서 지은 허물이 적지 않지만, 그 가운데에서 평생 스님을 따라붙은 것은 바로 장애인 엿장수에게 지은 과오입니다. 실제로 스님은 『무소유』의 「미리 쓰는 유서」에서 솔직하게 말합니다.

> 나는 평생을 두고 그 한 가지 일로 해서 돌이킬 수 없는 후회와 자책을 느끼고 있다. 그것은 그림자처럼 따라다니면서 문득문득 나를 부끄럽고 괴롭게 채찍질했다.
> 중학교 1학년 때, 같은 반 동무들과 어울려 집으로 돌아오던 길에서였다. 엿장수가 엿판을 내려놓고 땀을 들이고 있었다. 그 엿장수는 교문 밖에서도 가끔 볼 수 있으리만큼 낯익은 사람인데 그는 팔 하나가 없고 말을 더듬는 불구자였다. 대여섯 된 우리는 그 엿장수를 둘러싸고 엿가락을 고르는 체하면서 적지 않은 엿을 슬쩍슬쩍 빼돌렸다. 돈은 서너 가락 치밖에 내지 않았다. 불구인 그는 그런 영문을 전혀 모르고 있었다.
> 이 일이, 돌이킬 수 없는 이 일이 나를 괴롭히고 있다. 그가 만약 넉살 좋고 건강한 엿장수였더라면 나는 벌써 그런 일을 잊어버리고 말았을 것이다. 그런데 그가 반병신이었다는 점에서 지워지지 않는 채 자책은 더욱 생생하다.

내가 이 세상에 살면서 지은 허물은 헤아릴 수 없이 많다. 그중에는 용서받기 어려운 허물도 적지 않았을 것이다. 그런데 무슨 까닭인지 그때 저지른 그 허물이 줄곧 그림자처럼 나를 쫓고 있다.
이다음 세상에서는 다시는 더 이런 후회스런 일이 되풀이되지 않기를 진심으로 빌며 참회하지 않을 수 없다.[8]

누구에게나 영혼의 거울이 있습니다. 지금 내 거울의 상태가 어떤지 생각해보세요. 얼마만큼 참회했느냐에 따라 거울의 상태가 결정됩니다. 안타깝게도 거울이 점점 빛을 잃어가고 있지 않은가요? 이를 망각하고 마냥 나를 위로하고 나를 치유하는 데에만 혈안이 되어서는 안 됩니다. 참회를 통해 영혼의 거울이 투명해져야만 진정한 힐링이 찾아온다는 걸 잊지 마세요.

행자 시절의
무자 화두
참선

법정은 효봉 스님을 따라 통영 미래사에 내려갔다. 그곳에서는 고단한 행자 생활이 기다리고 있었다. 행자 생활을 잘 마쳐야만 예비 스님인 사미계를 받을 수 있으며, 이후 스님 자격인 비구계를 받을 수 있었다. 미래사에 도착한 그는 효봉 스님을 시봉하면서, 속세에 대한 잡념과 망상을 끊고 온전히 부처의 길을 가고자 아침저녁 예불에 정성을 다했다.

"온 누리에 광명 가득하고 시방에 무량한 부처님과 가르침과 승단에 귀의하옵니다. 옴 바아라 도비야 훔. 옴 바아라 도비야 훔. 옴 바아라 도비야 훔. 지극한 마음으로 온 세상의 스승이시며 뭇 중생의 자비하신 어버이 석가모니 부처님께 귀의합니다. 지극한 마음으로 어느 때 어느 곳에나 항상 계옵시는 부처님 법에 귀의하옵니다…."

효봉 스님이 '절구통 수좌'로 불리는 만큼 그에 지지 않기 위해 매 순간 자신을 다그쳤다. 예불은 물론 참선과 스님 시봉에 만전을 기했다. 아직 그는 정식 스님이 아니라 스님의 길로 가는 과정이었기 때문에 속세의 때를 다 벗겨내지는 못했다. 늘 배가 고프고 몸이 지쳐가는 것은 견딜 만했다. 하지만 속세에서 길든 독서 습관은 훌훌 떨쳐내지 못했다.

공양 준비를 하는 틈틈이 책을 읽었다. 고향에 있는 그의 방은 책장 두 개에 문학, 철학, 미술사 등 다방면의 책이 빼곡할 만큼 그는 지식욕이 대단했다. 그래서 허투루 낭비되는 시간에 인생과 존재의 물음을 구하고자 철학 책을 읽었다.

이런 그를 알아챈 효봉 스님이 하루는 그를 불러냈다.

"책을 읽고 있더구나."

"네에…."

당황한 그가 말꼬리를 흐렸다. 효봉 스님이 그를 지긋이 바라보면서 입을 뗐다.

"삶과 죽음을 넘어선 진리를 책에서 얻을 수 있다면 왜 출가를 하겠는가? 만약 책에서 그걸 얻을 수 있다면 대학교에서 학문에 매진하는 게 낫지 않겠는가? 부처님의 법은 결코 활자 더미에서 얻을 수 없네. 활자로는 부처님의 법을 담을 수도 없고 또 전달할 수도 없네. 활자는 강을 건너기 위해 사용하는 배에 불과하네. 강을 건넌 후에는 배가 아무 소용이 없지. 따라서 출가한 자네가 책에 집착하는 것은 강을 건넌 사공이 배를 짊어지고 다니는 꼴이라네."

그는 아무 말이 없었다.

"당장 아무 쓸데 없는 책을 불쏘시개로 태워버리게나. 책에 파묻히면 파묻힐수록 부처님의 법을 볼 수 있는 자네의 눈이 점점 멀고 만다는 걸 명심하게."

효봉 스님이 염주를 굴리며 말했다.

"자네에게 무(無)자 화두를 주겠네. 자나 깨나 이 화두를 한시도 놓지 말고 물고 늘어지다 보면 환해지는 게 있네. 그러니 앞으로 참선에 매진하게."

이후 법정은 책들을 모두 밖으로 내쳤다. 그러고는 참선에 주력했다. 겨울 내내 자신도 잊고 효봉 스님도 잊고, 미래사며 산골의 추위도 잊고 참선에 푹 빠져들었다. 내가 화두를 든 건지, 화두가 나를 든 건지 구별이 되지 않는 나날이 이어졌다. 하루하루, 매 순간 매 순간이 실낱같은 들숨과 날숨 사이에서 가뭇없이 사라져갔다. 어느덧 겨울이 지나 하안거(夏安居 불교에서 승려들이 여름 동안 밖에 나가지 않고 한곳에 머물면서 수행에 전념하는 일)가 돌아왔고, 그는 생명을 걸고 무자 화두에 매달렸다. 그런 끝에 사미계를 받았다.

* * *

스님은 행자 시절에 지식에 대한 욕구가 강했습니다. 우리 불교의 핵심이 왜 화두 참선에 있는지를 깨닫지 못했습니다. 사회에서 그랬듯이 여전히 책을 통해 인생과 존재의 문제에 대한 해답을 구하고자 했습니다. 실제로 스님은 속세에서 책을 많이 읽었습니다. 출가할 때 가장 큰 아픔이 애지중지하는 책들과의 별리라고 할 정도였습니다.[9] 스님과 편지를 주고받았던 사촌 아우는 말합니다.

출가 전 스님이 살던 작은 방에는 밀레의 〈만종〉 그림 액자와 큰 책장 2개, 앉은뱅이책상 1개가 있었지요. 책꽂이에 있는 책들은 언제나 빈틈없이 일렬로 가지런하게 정리되어 있었습니다. 형님은 누군가 살짝 책을 만지기만 해도 바로 알아차리셨는데 그때마다 전 깜짝 놀라곤 하였습니다. 그만큼 책에 대한 애정이 각별하셨고 당신의 주변에 대한 살핌이 남다르던 분이셨습니다.[10]

스님은 미래사를 떠나 지리산 탑전에서 수행하던 도중에도 책을 읽다가 효봉 스님에게 들킨 일이 있습니다. 장에 갔다가 우연히 소설 『주홍글씨』를 사 들고 왔던 겁니다. 스님은 효봉 선사의 호통에 책을 불태웁니다. 처음에는 죄스럽고 책이 아깝게 느껴졌다고 합니다. 며칠 뒤 깨달음을 얻은 스님은 말합니다.

사실 책이란 한낱 지식의 매개체에 불과한 것. 거기에서 얻은 것은 하나의 분별이다. 그 분별이 무분별의 지혜로 승화하려면 자기 응시의 여과 과정이 있어야만 한다. 그전까지 필자는 집에 두고 나온 책 때문에 꽤 엎치락뒤치락거렸는데, 이 분서를 통해 그러한 번뇌도 함께 타버리고 말았다. 더구나 풋내기 사문에게는 온갖 분별을 조장하는 그런 책이 정진에 방해될 것은 물론이다. 만약 그때 분서의 건이 없었던들 책에 짓눌려 살았을지도 모른다."

참선하기 위해서는 세 가지 마음가짐(결수삼요決須三要)이 필요합니다. 첫 번째는 내가 부처가 되는 것에 대한 큰 믿음이고, 두 번째는 본래 부처인 내가 이 모양 이 꼴로 사는 것에 대한 큰 분심이며, 세 번째는 화두에 대한 큰 의심입니다. 이 세 가지 마음가짐은 참선을 하지 않더라도 살아가는 데 매우 유용하지 않을까요? 나 자신과 내 미래와 비전에 대한 강한 확신, 나태한 자신에 대한 불같은 분노, 그리고 당면 과제의 해법을 찾아 끈질기게 왜, 왜 하고 품는 큰 의심이 반드시 필요합니다.

다
같이
굶자꾸나

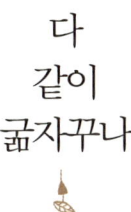

법정이 미래사를 떠나 지리산 쌍계사 탑전에서 효봉 선사를 모시고 수행하고 있었다. 그는 이곳에서 1년여를 보냈다. 하루하루 경건한 마음으로 구도의 길을 걸어가던 어느 날이었다. 공양에 쓸 찬거리를 구하러 마을에 내려갔다가 그만 공양 시간을 놓치고 말았다.

뛰다시피 해서 도착한 그가 서둘러 공양 준비를 하려고 하니, 공양 시간이 10분 정도 늦을 것 같았다. 효봉 선사가 준엄한 목소리로 말했다.

"어찌하여 공양 시간을 어겼느냐?"

그는 어쩔 줄 몰라 고개를 들지 못했다.

"오늘은 공양을 짓지 말거라."

"그게 무슨 말씀이십니까?"

"단식이라는 말이다. 수행자가 그리 시간관념이 없어서야 되겠느냐? 다 같이 굶자꾸나."

효봉 선사의 생활 태도는 매우 엄격했다. 시간을 엄수하는 것은 물론 시주받은 물자를 허투루 쓰는 법이 없었다. 밥알 하나 버려지는 것도 용납하지 않았고, 초는 심지가 다 탈 때까지 사용하게 했다.

* * *

스님은 효봉 선사께 큰 가르침을 얻었습니다. 『묵자』에 '군자자난이이피(君子自難而易彼) 중인자이이난피(衆人自易而難彼)'라는 말이 있습니다. '군자는 스스로 어려운 일을 맡아서 남을 편하게 해주지만, 보통 사람은 쉬운 일은 자기가 맡고 어려운 일은 남에게 떠맡긴다'라는 뜻입니다. 자기 자신에게 매우 엄격했던 효봉 선사는 군자와 같습니다. 효봉 선사가 만약 자신에게 관대했다면 단식하자는 말을 하지 않았을 것이고, 또 제자가 물자를 함부로 사용해도 방관했을지 모르지요. 효봉 선사의 올곧은 수행자의 면 모를 알 수 있습니다. 스님은 말합니다.

> 털끝만 한 것도 부처님 계율에 어긋난 일은 하지 않았으려고 했다. 시간관념은 너무도 엄격했다.[12]

보통 사람은 자신에게는 한없이 관대한 반면 타인에게는 지나치게 엄격합니다. 늘 타인에게만 이렇게 하라, 저렇게 하라 기준을 제시합니다. 그 기준에서 자신은 쏙 빼놓지요. 그래서 문제가 생깁니다. 타인과 원만한 관계가 이루어지지 못하며, 또한 자기 발전을 기약할 수 없습니다. 자신에게는 엄격하고, 남에게는 너그러워지세요.

쥐와의
인연

법정이 홀로 쌍계사 탑전에 머물고 있었다. 하안거가 끝나자 효봉 선사와 제자들은 하산해 자리를 비웠다. 여느 때와 다름없이 정해진 일정대로 수행을 이어갔다. 텅 빈 절에 덩그러니 남자, 처음 쌍계사에 왔을 때의 일이 새삼스레 떠올랐다.

그가 쌍계사에 온 것은 이번이 처음은 아니었다. 초등학생 때 수학여행으로 이곳을 방문해 하루를 묵었다. 그 어린 나이에 어떤 이유에선지 쌍계사가 마음에 끌렸다. 이곳을 떠날 때, 포근한 시골집을 떠나는 것 같아 눈물 흘리며 자꾸만 뒤돌아보았다. 이런 쌍계사를 세월이 흘러 출가 수행자가 된 그가 다시 찾게 되었다.

그는 속으로 중얼거렸다.

'인연이었을까?'

이곳에서 수행하게 된 것이 운명이라고 생각했다.

인연은 또 다른 인연을 낳았다. 하루는 헌식돌 주위에서 큰 쥐 한 마리를 만났다. 그 쥐가 헌식돌 위에 놓아둔 공양을 먹어치우고 있었다. 본래 헌식돌은 중생에게 먹을 것을 베푸는 곳이다. 그는 생각에 빠졌다.

'『대반열반경』은 일체중생실유불성(一切衆生悉有佛性 중생은 모두 불성을 갖는다)이라고 했지. 쥐와 곤충 같은 미물도 중생이기 때문에 본래 불성을 갖추었어. 그러니 이 공양은 네 몫이다. 마음껏 먹어라.'

이후 쥐에게 먹을 것을 갖다 주었다. 쥐는 그를 피하지 않았다. 어느덧 망망대해의 무인도에서 벗을 만난 듯 그는 쥐와 친해졌다.

"많이 먹어라."

"오늘은 어떻게 지냈느냐?"

쥐와 교감하며 적막감과 외로움을 덜어냈다.

그러던 어느 날이다. 쥐가 헌식돌 위에 누운 채 꼼짝도

하지 않았다. 가까이 가서 보니 싸늘하게 죽어 있었다. 그는 염불을 하면서 쥐를 묻어주었다. 그는 쥐가 살아 있을 때 말했었다.

"쥐야, 네게도 영혼이 있거든 내 말을 들어라. 네가 여러 생에 익힌 업보로 그같이 흉한 탈을 쓰고 있는데, 이제 청정한 수도장에서 나와 같이 지낸 인연으로 그 탈을 벗어 버리고 내생에는 좋은 몸 받아 해탈하거라. 언제까지 그처럼 흉한 탈을 쓰고 있어야 되겠니? 부디 해탈하거라. 나무아미타불!"[13]

* * *

스님에게 쌍계사는 남다른 인연이 있습니다. 초등학생 때 이곳에 들렀고, 성인이 되어서 다시 찾게 됩니다. 스님에게 쌍계사는 출가 수행자로서의 발판을 다진 곳과 같습니다. 이곳에서 스님은 참선 수행의 깊이에 빠져 들어갑니다. 스님은 어린 시절을 회상하면서 말합니다.

> 자욱한 아침 안개 속에 묻힌 절을 뒤에 두고 떠나올 때, 나는 너무도 서운해서 뒤돌아보며 뒤돌아보며 흐느껴

울던 기억이 있는 그런 절이다. 40년이 지난 지금 생각을 해도 알 수 없는 일은, 하룻밤 쉬어오는 절에 무슨 정이 들어 어린것이 그토록 서운해하면서 울었을까 하는 생각이다. 어쩌면 전생에 내가 그 절에 살았기 때문에 그랬는지 모른다는 생각도 들긴 하지만.[14]

쌍계사처럼, 스님은 전생에 인연을 맺었던 쥐를 또다시 조우한 게 아닐까요? 쥐가 전생에 스님인지, 나무꾼인지, 기도하러 온 처자인지, 아니면 사슴, 학, 호랑이와 같은 동물이었는지 전혀 알 길은 없습니다. 다만 불성을 갖고 있다는 점에서는 다 마찬가지입니다. 겉모습만 다를 뿐이죠. 그래서 스님은 쥐를 함부로 대하지 않았습니다.

생김새가 흉해서, 해를 끼쳐서, 하찮게 여겨져서 등 여러 가지 이유로 사람은 물론 동물을 싫어하고 배척하는 일이 있습니다. 이런 생각은 꼭 고쳐야 하며, 공평하게 모든 중생을 가슴으로 끌어안을 수 있어야 합니다. 인연에 의해 지금 우리가 접하는 그들은 겉모습만 다를 뿐 본래 부처이기 때문입니다.

젊은 스님의 자비

효봉 선사가 잠시 자리를 비우자 쌍계사 탑전에 법정이 홀로 남겨졌다. 주변의 숲에 둘러싸인 채 그는 잔뜩 긴장했다. 풋내기 수행자였기에 혼자 계율을 잘 지키며 수행할 수 있을지 걱정이었다. 며칠 그럭저럭 아무 탈 없이 평소처럼 지내고 있었다.

하루는 젊은 스님이 찾아왔다. 수행의 도반(道伴 함께 도를 닦는 벗)을 보자 반가웠다. 그와 함께 있다면 수행에 더욱 정진할 수 있을 듯했다. 젊은 스님과 통성명을 한 후, 앞으로 이곳에서 생활하면서 지켜야 할 규칙을 정하기로 했다.

"수연 스님, 내가 밥을 할 테니 스님은 찬을 하시죠."

"네, 그렇게 할게요."

"그리고 내가 법당을 청소하겠습니다. 스님은 방과 부엌 청소를 맡아주세요."

"그러지요. 함께 일손을 도와야죠."

젊은 스님과 척척 의견이 맞았다. 내친김에 욕심을 내보았다.

"이곳은 다른 어느 곳보다 수행하기에 좋은 곳입니다. 저는 여기에서 많은 진전이 있었지요. 스님, 괜찮으시면 하루 한 끼 공양만 하고 참선에 매진하지 않으시겠습니까?"

젊은 스님이 환한 미소를 지었다.

"저는 좋은 수행처를 찾아다니던 중이었습니다. 스님의 뜻에 전적으로 동의합니다. 이처럼 수행하기 좋은 곳에서 허투루 시간 낭비를 해서야 쓰겠습니까? 공양하는 데 쓰는 시간도 아끼고 싶습니다."

이로부터 두 스님은 잠자는 시간, 하루 한 번 공양하고 청소하는 시간 외에는 참선에 용왕매진했다. 동안거(冬安居 겨울에 바깥 출입을 삼가고 수행에 힘쓰는 일)를 하는 내내 쌍계사에서는 인기척이 거의 들리지 않았다. 사람이 전혀 없는 곳 같았다.

두 스님은 어느덧 동안거 해제를 앞두고 있었다. 동안거를 마치면 함께 만행(萬行 여러 곳으로 두루 돌아다니면서 닦는 온갖 수행)을 떠나기로 했다.

그러던 어느 날, 법정이 감기에 걸려 앓아누워 버렸다. 열이 펄펄 나서 옴짝달싹할 수 없었다. 혼자 있었더라면 큰일 날 뻔했다. 젊은 스님은 피붙이처럼 정성껏 그를 간호했다. 그런데 하루는 젊은 스님의 모습이 보이지 않았다. 하루 종일 보이지 않던 그가 늦은 밤에 나타났다.

"이 약을 먹고 기운을 차리세요."

장장 80리 길이나 되는 마을까지 가서 약을 구해 온 것이다. 법정은 그의 도타운 자비에 눈물을 흘리고 말았다.

훗날 젊은 스님을 해인사에서 다시 만났다. 그때 젊은 스님은 병세가 완연했는데, 포교당에 보내져 보살핌을 받았다. 그런 스님이 법정이 손목을 다친 걸 어떻게 알았는지, 파스를 소포로 보내주었다.

* * *

스님은 자신에게 자비를 베푼 수연 스님을 잊지 못했습

니다. 수연 스님을 통해 참된 자비가 무엇인지를 체험했습니다. 평소 자신보다 타인을 배려하고 늘 솔선수범했던 수연 스님은 일찍 세상을 떠나고 맙니다. 수연 스님은 유명한 고승으로 알려지지 않았습니다. 하지만 자비와 하나가 된 스님은 오래오래 기억되어야 하겠지요. 법정 스님은 말합니다.

> 그는 정다운 도반이요 선지식이었다. 자비가 무엇인가를 입으로 말하지 않고 몸소 행동으로 보여준 그런 사람이었다. 길가에 무심히 피어 있는 이름 모를 풀꽃이 때로는 우리의 발길을 멈추게 하듯이, 그는 사소한 일로써 나를 감동케 했다.[15]

'자비(慈悲)'의 뜻이 무엇인지 아세요? 자(慈)는 중생에게 즐거움을 주는 것이며, 비(悲)는 중생의 아픔을 덜어주는 것을 말합니다. 이때 놓치지 말아야 할 것이 있습니다. 우월한 위치에서 어려운 처지인 사람에게 동정심으로 자비를 베풀어서는 곤란하다는 점입니다. 자비는 베푸는 사람과 받는 사람이 평등한 입장이어야 하기 때문이죠. 타인의 아픔이 내 아픔이고, 또한 타인의 행복이 내 행복이라는 생각으로 자비를 베풀어야 합니다.

티베트의 영적 지도자 달라이 라마는 말합니다.

> 다른 사람이 행복하기를 바란다면 자비를 베푸세요. 그리고 스스로 행복해지기를 바랄 때에도 자비를 베푸세요.[16]

2장

해인사 시절

자네의
본래면목은
어떤
것인가?

해인사에서 법정은 매일 참선과 경전 공부를 해나갔다. 쌍계사 탑전에서 수행을 마치고, 통도사 금강계단에서 자운 율사에게서 비구계를 수계한 일이 주마등처럼 스쳐 지났다. 모두 어제처럼 생생했다. 시간이 지나면서 그의 가슴에 진리의 말씀 하나하나가 새롭게 다가왔다. 하지만 온전히 참선에 몰두하지는 못했다.

하루는 도반과 함께 조실 스님을 찾았다. 도반 또한 법정처럼 고민이 있었다. 법정은 차마 자신의 고민을 입 밖에 내놓지 못했지만 도반은 달랐다. 도반은 차를 입에서 떼자마자 말했다.

"저는 본래면목 화두를 하는데 잘 되지 않습니다. 시간이 흐를수록 가슴이 답답하고, 머리가 지끈지끈 아프기만 합니다. 어떻게 하면 좋겠습니까?"

선원 조실 스님인 금봉 선사가 물끄러미 그를 바라보았다. 그러곤 아무 말 없이 그에게 차를 따라주었다. 도반의 어깨가 미세하게 요동쳤다. 선사가 단호하게 말했다.

"본래면목은 고사하고, 지금 여기에 있는 자네의 본래면목은 어떤 것인가?"

이 말을 듣는 순간 법정의 온몸에 전율이 일었다. 본래면목이라는 화두가 가슴에 꽂혔다. '본래면목'은 위산 영우와 향엄 선사의 선문답에서 나온 '부모미생이전 본래면목(父母未生以前 本來面目)'의 줄임말로, 부모가 존재하기 전에 있는 나의 본래 모습이라는 뜻이다. 본디 위산 영우와 향엄 선사는 백장 선사의 제자로, 위산 영우가 향엄 선사의 선배였다. 그런데 향엄 선사가 교학에 대한 자만이 하늘을 찌를 듯하자, 이를 경계하기 위해 위산 영우가 그에게 물었다.

"그대는 나처럼 스승 백장의 문하에서 자랐고 특히 지혜가 뛰어나다고 들었다. 그러나 지혜로 선을 이해하려 들면 지적, 분석적 이해에 떨어지고 만다. 그렇지만 선의 깊이에 대해서 그대는 무엇인가 통찰한 바가 있을 것이다. 그것을 듣고 싶다. 삶과 죽음의 원리, 생사의 일대사를 듣고 싶다. 부모도 아직 태어나기 전에 그대 자신의 모습(부모미생이전 본래면목)은 무엇인가?"[1]

이에 향엄 선사는 아무 답을 내놓을 수 없었다. 그런 그는 세월이 흐른 후 빗자루에 쓸린 돌멩이가 대나무에 부딪혀 낸 '탁' 소리를 듣고서 위산의 물음을 깨쳤다.

그 자리에 있던 법정은 깨달음을 얻은 향엄 선사와 같았다. 그에게는 더 이상의 설명이 필요 없었다. 그것으로 족했다. 한순간에 확연하게 다가오는 게 있었다. 이로부터 그는 새로운 마음가짐으로 참선에 주력하면서 번민을 지워나갔다. 부처님이 그랬듯이, 참선 속에서 해답을 구해나갔다.

* * *

스님은 해인사 선원에서 수행 정진을 하는 도중에 번민에 사로잡혔습니다. 이는 수행을 게을리하거나 바르게 하지 못해서가 아닙니다. 스님은 진정으로 부처님을 흠모하고 부처님의 길을 걸어가고자 했기에 번민에 사로잡히고 말았습니다. '상구보리 하화중생(上求菩提 下化衆生 위로는 깨달음을 구하고 아래로는 중생을 교화한다)'과는 너무나 다른 불교의 현실 때문에 자신의 길에 회의감이 생긴 것입니다.

> 불교의 경전을 대하면서 한국 불교의 현실 앞에 적잖은 갈등과 회의를 지니지 않을 수 없었다. 종교의 본질이 무엇인지 망각한 채 전통과 타성에 젖어 지극히 관념적이고 형식적이며 맹목적인 이런 수도 생활에 선뜻 융해되고 싶지 않았다.[2]

이러한 날 선 문제의식으로 인해 스님은 자신만의 만족과 성취만을 좇는 듯했습니다. 이 때문에 차근차근 수행 단계를 밟아가기가 힘들었습니다. 이때 스님은 본래면목이라는 화두를 통해 화두 참선의 진면목에 다가갈 수 있었습니다. 스님은 말합니다.

> 이 법문을 곁에서 듣고 섬광처럼 부딪쳐온 그때의 전율 같은 감흥을 나는 지금도 잊을 수가 없다. 나는 더 물을

일이 없었다. 이때부터 좌선하는 일에 재미가 나서 무료하지 않았다. 잔잔한 기쁨으로 맑은 정신을 지닐 수 있었다.³

화두 본래면목은 참으로 감당하기 힘든 말이 아닐 수 없습니다. 이는 피부에 와 닿게 '본래의 내 모습, 곧 진정한 자아는 무엇인가?'로 바꾸어볼 수 있겠지요. 부모의 요구와 기대, 주변의 시선처럼 타인의 과제에 의해 만들어진 자아가 있습니다. 이는 진정한 자아가 아닌, 가면을 쓴 가짜 자아(페르소나)입니다. 본래면목, 곧 '진정한 자아가 무엇인가?'라는 화두가 필요합니다.

파울로 코엘료의 『연금술사』에 나오는 '자아의 신화'가 본래면목과 다름없습니다.

> 만물에는 자아의 신화가 있고, 그 신화는 언젠가 이루어지지. 그게 바로 진리야. 그래서 우리 모두는 더 나은 존재로 변해야 하고, 새로운 자아의 신화를 만들어야 해. 만물의 정기가 진정 단 하나의 존재가 될 때까지 말이야.⁴

해인사의
'빨래판 같은 것'

여느 때처럼 법정은 쉬는 시간에 장경각 둘레를 돌았다. 해인사 하면 팔만대장경이 떠오르는데, 그것을 보관하는 곳이 장경각이다. 장경각이 품고 있는 팔만대장경은 해인사의 정수이자 호국불교의 총화였다. 불교가 숲 속에서만 안주했다면 결코 탄생할 수 없었다. 중생을 가슴으로 껴안는 자비가 있었기에 탄생할 수 있었다.

장경각 계단을 내려오면서 생각했다.

'우리 불교의 생명은 호국불교에 있어. 언제 어디서나 불교는 중생의 삶과 동떨어지지 않았어. 그래서 국난 극복을 위해 불심으로 팔만대장경을 만들었던 거야. 팔만대장

경처럼 나 또한 중생과 함께하는 길을 정진해야겠어.'

계단을 다 내려온 그는 멈춰 서서 하늘을 슬쩍 쳐다보았다. 푸르른 하늘이 펼쳐졌다.

이때였다. 장경각 계단에서 한 아주머니가 내려오면서 물었다.

"스님, 팔만대장경이 어디 있습니까?"

뜻밖의 질문에 당황스러웠다.

"방금 보고 내려오시지 않았습니까?"

"전 못 봤는데요."

그가 이상하다는 표정을 지으며 말했다.

"선반 위에 가지런하게 꽂혀 있는 게 팔만대장경입니다. 그걸 보셨을 텐데요."

아주머니가 미소를 지으며 말했다.

"아, 그 빨래판 같은 것 말이지요?"

'빨래판 같은 것'이라는 말에 가슴이 덜컥했다. 우리 선조들이 각고의 노력으로 만들어놓은 불교 정신의 총화인 팔만대장경이 그렇게 불리는 게 충격이었다. 단 한 번도 그런 생각을 해보지 못했다.

이내 아주머니가 그렇게 칭할 수밖에 없는 사정이 이해

되고도 남았다. 팔만대장경은 국난 극복이라는 현실적 요구에 따라 만들어졌으나, 세월이 흘러 한자를 읽을 줄 아는 사람이 적어진 지금 중생에게 아무 쓸모가 없어지고 말았다. 부처님의 말씀과 지혜는 중생이 쉽게 보고 그 뜻을 알 수 있어야 한다. 그런데 현재 팔만대장경의 말씀은 박물관 속의 골동품으로 전락하고 말았다.

법정은 그날 속으로 다짐했다.

'팔만대장경을 쉬운 한글로 번역하는 일에 발 벗고 나서야겠어. 그래야 선조들이 팔만대장경에 흘리신 노고의 빚 100분의 1이라도 갚을 수 있겠지.'

* * *

해인사 시절, 스님에게 잊지 못할 일 두 가지가 있습니다. 하나는 한 아주머니가 스님에게 팔만대장경을 "빨래판 같은 것"이라고 말한 일입니다. 다른 하나는 앞에서 언급한 금봉 선사가 도반에게 본래면목을 물은 일입니다. 스님은 특히 "빨래판 같은 것"이 뇌리에서 떠나지 않았습니다. 스님은 말합니다.

'빨래판 같은 것'이라는 이 말이 내 가슴에 화살처럼 꽂히었다. 아무리 뛰어난 지혜와 자비의 가르침이라 할지라도 알아볼 수 없는 글자로 남아 있는 한, 그것은 한낱 빨래판 같은 것에 지나지 않는다.

이때 받은 충격으로 그해 여름 안거를 마치고 나는 강원으로 내려가 경전을 배우고 익혔다. 국보요, 법보라고 해서 귀하게 모시는 대장경 판이지만, 그 뜻이 일반에게 전달되지 않을 때는 한낱 빨래판에 지나지 않는다는 생각이 나를 끝없이 부추겼다. 어떻게 하면 누구나 알아볼 수 있는 쉬운 말과 글로 옮겨 전할 것인가, 이것이 그때 내게 주어진 한 과제였다.[5]

이러한 뜻은 스님이 해운사 강원에서 대교과를 마친 후 운허 스님을 만나면서 결실을 봅니다. 법정 스님은 운허 스님이 계신 통도사는 물론 해인사에서 한글 경전 작업에 몰두합니다. 또한 스님은 동국역경원의 역경위원을 하면서, 봉은사 다래헌으로 거처를 옮겨 수많은 한글 경전 번역에 참가합니다. 스님이 평생에 걸쳐 번역한 한글 경전은 10여 종에 이릅니다.

사회 각계와 일상생활에서 소통 부재를 겪고 있습니다. 왜 소통이 잘 되지 않을까요? 대표적인 원인이 말입니다. 공감대를 얻을 수 있게 쉽고 보편적인 언어를 사용할 때, 사람과 사람의 소통이 원활하게 이루어질 수 있습니다. 자기만 아는 언어, 특정 부류만 아는 언어를 사용하거나 권위감을 잔뜩 품은 언어를 남발한다면 소통은 요원한 일이 되고 맙니다. 공감 없는 말은 날개 잃은 새와 같습니다. 더 이상 타인의 가슴으로 날아가지 못합니다. 말에 공감의 날개를 달아보세요.

17세기의 현자 발타자르 그라시안은 말합니다.

> 다른 사람의 경험을 자신의 것과 비교해볼 줄 아는 능력은 공감력이라는 능력이며, 이러한 능력은 누구에게서나 쉽게 찾아볼 수 있는 것이 아니다. 오직 도전의식과 진취적인 태도를 가진 사람만이 공감이라는 능력을 갖는다.[6]

시은을
두려워하라

설 무렵에 해인사의 일과를 며칠 쉬었다. 학승들은 평소와 달리 소일을 하며 시간을 보낼 수 있었다. 몇몇 스님은 근처 산을 타고, 또 몇몇 스님은 경전 읽기에 매달렸다. 법정은 도반들과 산을 타고 와서 틈틈이 부족한 경전 공부에 매달렸다.

어둑한 밤이 되자 학승 여럿이 한곳에 모였다. 법정의 방이었다. 이곳에서 젊은 스님들이 설날의 흥을 돋워보기로 했다. 윷놀이를 한 것이다. 스님들은 부처님 오신 날과 설날에 윷놀이, 성불도 놀이를 하면서 오붓한 시간을 보냈다. 이날은 때가 때인 만큼 윷놀이로 한껏 분위기가 달아올랐다.

"윷이야!"

"도다."

그간의 고달픔을 잊고 떠들썩하게 놀이에 빠져들었다. 그러다 보니 등잔을 끄고 잠자리에 드는 시간을 훨씬 넘어서고 있었다. 다른 방은 불이 꺼졌지만 법정의 방은 늦은 밤까지 환했다.

이튿날이다. 총무를 맡고 있던 문성 스님이 그를 불렀다. 그러곤 여느 때와 달리 차가운 얼굴로 말했다.

"간밤에 늦게까지 스님 방에 불이 켜져 있던데요. 명절을 맞아 윷놀이를 하는 거야 뭐라 하지 않겠습니다. 하지만 윷놀이하자고 시주로 받은 호롱불 기름을 함부로 써야 되겠습니까? 스님에게 깨달음을 얻고 중생 제도를 해 달라고 보낸 시주가 빚이라는 걸 잊었습니까? 저렇게 시주를 낭비할 만큼 큰 깨달음이 있었습니까?"

그는 할 말을 잃었다. 전에 노스님이 "시주를 받은 만큼 내생에 그 집의 소가 되어 힘든 일로 다 갚아야 한다"라고 하셨던 말씀이 떠올랐다. 참으로 면목없고 부끄러웠다. 또 한편 자신의 잘못을 매섭게 질책해준 스님에게 고마운 마음이 들었다. 그런 스님이 없었다면 자신은 평생 시주를 가볍게 여길 것이고, 그와 함께 깨달음은 요원한 일이 되고 말 터였다.

* * *

스님은 이 일을 40여 년이 지난 뒤에도 가슴에 깊이 담아두었습니다. 어제 일처럼 생생하게 기억했습니다. 스님은 신도의 시주를 화살처럼 받고, 신도의 음식을 독약처럼 먹으라고 했습니다. 또한 모두 성불한다면 시주의 은혜를 갚을 이유가 없기에 들판에 소 한 마리도 보기 힘들 거라고 이야기했습니다. 스님은 시주의 은혜를 깊이 깨닫고 이렇게 말합니다.

> 시은을 두려워할 줄 알아야 한다. 시주는 그가 베푸는 시물로 인해 복을 짓게 되지만, 그걸 받아 쓰는 쪽에서는 그만큼 시은의 무게를 져야 한다. 세상에 공것은 어디에도 없다. 모두가 스스로 뿌려 스스로 거둘 뿐이다.[7]

갈수록 인심이 각박해지지만 은혜의 샘물은 결코 마른

적이 없습니다. 사람들은 누군가로부터 배려와 베풂을 단 한 번이라도 받지 않은 적이 없지만 쉬이 잊어버리고 맙니다. 은혜 중의 은혜는 부모의 은혜입니다. 『부모은중경』에서는 부모의 크고 깊은 은혜를 10가지로 말합니다. 이를 가슴 깊이 새기고, 보답하는 자세로 오늘을 살아야 하지 않을까요?

부모의 은혜 10가지
1. 어머니 품에 품고 지켜준 은혜
2. 해산할 때 산통을 겪은 은혜
3. 자식을 낳고 근심을 잊는 은혜
4. 쓴 것을 삼키고 단것은 뱉어 먹인 은혜
5. 진자리 마른자리 가려 누이는 은혜
6. 젖을 먹여 기르는 은혜
7. 손발이 닳도록 깨끗하게 씻어주는 은혜
8. 먼 길 떠났을 때 걱정하는 은혜
9. 자식을 위해 나쁜 일을 감당하는 은혜
10. 끝까지 불쌍히 여기는 은혜

소소산방에서
『화엄경』읽기

무더운 여름이었다. 법정은 해인사 퇴설당의 비좁은 방에서 『화엄경』을 독송하고 있었다. 작은 방 앞에는 소소산방(笑笑山房)이라는 글자가 써 붙여 있었다. '웃음 가득한 산방'이라는 뜻이다. 그러나 그가 머문 해인사의 작은 방 안에서는 웃음소리가 전혀 들리지 않았다. 대신 청아한 독송이 울려 퍼졌다.

> 더없이 심오한 이 법문
> 백천만 겁에 만나기 어려운데
> 내가 이제 보고 듣고 외우니

여래의 참뜻을 바로 알아지이다[8]

『화엄경』의「십회향품」이었다. 그는 여름 내내「십회향품」을 반복해서 정독했다. 때로는 독송을 하고, 때로는 눈으로 한 자 한 자 읽었다. 처음 책을 읽기 시작할 때 대교과 시절의 강주 명봉 스님이 떠올랐다. 그에게 처음으로 경전을 가르치신 스님은 인습과 주석에 얽매이지 말고 자신의 눈으로 경전을 읽으라고 하셨다. 스님이 말씀하셨다.

"뜻은 대승에 두고, 행동은 소승으로 하게나."

그는 내심 '소승'이라는 말이 거슬렸다. 소승 불교는 개인의 해탈에 주력하는 입장이었기 때문이었다. 자신은 대승의 길을 걸어온 한국 불교의 길을 따르리라 굳게 결심하고 있었다. 그런데 소승을 행동으로 취하라니 이해하기 힘들었다.

하지만 시간이 지날수록 그 의미가 가슴에 와 닿았다. 나 자신의 해탈을 전제로 하지 않는 사회 참여와 중생 구제란 불교에서 있을 수 없기 때문이었다. 사회 참여와 중생 구제를 하는 사회단체가 수도 없이 많았지만 그는 엄연히 불교 수행자였다. 이 때문에 기본적으로 깨달음을 위한 남다른 공부와 수행이 필요했다.

이때 마침 운허 스님을 만나 뵙고 화엄경 강의를 들을 수 있었다. 그 드높은 깨달음의 세계 앞에 저절로 고개가 숙여졌다. 그는 경전 가운데 「십회향품」에서 감명을 받았다.

'오, 참으로 대단하다. 반드시 이 「십회향품」을 정독해 그 유현한 세계를 깨치리라.'

이렇게 해서 그해 여름 내내 『화엄경』을 읽었다. 비로소 명봉 스님의 바람대로 대승에 뜻을 두고 소승처럼 경전 읽기에 정진한 것이다. 그는 『화엄경』을 독송하면 깨달음을 얻을 수 있음을 잘 알고 있었다. 온종일 경전을 읽노라면 가사 장삼이 비에 맞은 듯 흥건히 젖어들었고, 가까운 곳에서 풍겨오는 화장실 냄새가 역겨웠다. 이때마다 『화엄경』의 한 구절을 되뇌었다.

'일체유심조(一切唯心造 모든 것은 오로지 마음이 지어낸다)라.'

차차 감각에서 자유로워진 그는 마음을 다잡고 경전을 읽어나갔다. 어느덧 경전을 10여 차례 읽기에 이르렀다. 이후 20여 차례 반복해서 경전을 읽는 과정에서 깨달음에 한 발짝 한 발짝 다가가고 있었다. 그러자 그의 가슴은 잔잔한 기쁨이 가득해 절로 미소가 떠올랐다. 그 옛날 영산에서 부처가 설법하면서 연꽃을 들었을 때 그걸 알아보고 미소를 지은 가섭 존자와 같았다. 그의 작은 방에는 깨달음의 미소가 가득해졌다.

* * *

스님은 1972년에 발표한 글에서 8, 9년 전 해인사에서 『화엄경』을 20여 차례 읽고 또 독송했다고 밝히고 있습니다. 경전을 읽는 것은 불교의 수행법입니다. 마음으로 경전을 수도 없이 읽고 또 읽다 보면 깨달음에 한 발짝 다가설 수 있습니다. 독서백편의자현(讀書百遍義自見), 곧 책을 백 번 반복해서 읽으면 그 뜻이 저절로 드러난다는 말과 같은 맥락입니다. 스님은 말합니다.

> 이렇게 해서 그해 여름 「십회향품」을 20여 회 독송했는데, 읽을수록 새롭고 절절했었다. 누가 시켜서 한 일이라면 그렇게 못했을 것이다. 스스로 우러나서 한 일이라 환희로 충만할 수 있었다. 읽는다는 것은 무엇일까? 다른 목소리를 통해 내 자신의 근원적인 음성을 듣는 일이 아닐까.[9]

한 번 보고 마는 책이 많아졌습니다. 그것도 건성으로 읽다가 얼마 안 가 덮어버리는 책이 숱합니다. 그러는 과정에서 깊이 있는 책은 외면받고 있습니다. 깊이 있는 책이라고 해서 반드시 경전이나 고전일 필요는 없겠지요. 쉽게 쓰였더라도 한 번 읽는 것만으로는 의미를 다 전달받기 어려운 책이 적지 않습니다. 좋은 책일수록 거듭해서 보면 의미가 새로워집니다. 내 인생에 여러 번 읽고 또 읽는 책 한 권쯤은 가져보세요.

외할머니와의
사별

법정이 해인사에서 학승으로 하루하루를 보낼 때였다. 인편으로 외할머니가 돌아가셨다는 소식을 전해 들었다. 할머니는 외손자인 자신을 매우 아끼셨다. 할머니의 푸근한 체취와 함께 주름진 손이 기억나 눈물을 주르륵 흘렸다.

홀로 장경각에 찾아갔다. 천수경 염불을 외며, 할머니가 부디 극락왕생하시길 기원했다.

"무상심심미묘법 백천만겁난조우 아금문견득수지 원해여래진실의 옴 아라남 아라다 옴 아라남 아라다 옴 아라남 아라다…"

슬픔을 억누르며 염불에 집중하자 어디선가 할머니의

정겨운 목소리가 들려왔다. 그와 함께 할머니의 푸근한 체취가 나면서 장면 하나가 보였다.

"옛날 옛적에 소금 장수가 살고 있었대. 하루는 어촌을 지나다가, 어부에게 죽게 된 인어 목숨을 구해주었어. 인어는 소금 장수와 하룻밤을 함께 보내고 나서 바다로 떠나버렸대. 그 뒤로…."

어린 그가 할머니 팔베개를 벤 채 소금 장수 이야기를 듣고 있었다. 할머니는 어린 그의 이마를 쓸어주면서 인자한 미소를 지었다. 그는 할머니에게 이야기를 더 들려 달라고 애원했다.

"긴 이야기로 해주세요, 할머니."

할머니는 같은 이야기를 또다시 들려주었다. 어린 그는 싫증도 내지 않고 재밌게 들었다.

20여 년 전 일이 파노라마처럼 펼쳐졌다. 그는 자신도, 염불도 잊은 채 과거의 기억 속으로 빨려 들어갔다. 그러자 또 다른 장면이 펼쳐졌다.

시장 통이었다. 초등학교에 입학하게 된 어린 그가 할머니와 함께 옷 가게에 있었다. 옷을 구입하자 경품을 받았는데, 추첨해서 학용품, 장난감, 축구공, 시계 등에서 하나를 가질 수 있었다. 어린 그는 조마조마한 마음으로 추첨 결과를 기다렸다. 옷 가게 주인이 말했다.

"원고지가 되었네."

그러곤 원고지 한 묶음을 건네주었다. 할머니가 흐뭇한 미소를 지으며 어린 그의 어깨를 토닥여주었다. 할머니의 얼굴이 점점 멀어져갔다. 그러다가 주변이 온통 환해지더니 할머니의 얼굴이 사라졌다. 원고지가 크게 확대되었다. 그 위로 친숙한 글씨체의 문장이 적히고 있었다. 자세히 보니 자신의 글이라는 걸 알 수 있었다. 성인이 된 자신이 원고지 위에 글을 쓰고 있었다.

염불이 다 끝나자 합장을 했다. 비로소 과거의 여행에서 현실로 돌아왔다. 여느 때와 달리 출가자인 자신이 한없이 적막하다는 느낌을 받았다. 자신의 뿌리나 다름없는 할머니가 세상을 떠났다는 사실에, 자신 또한 죽음에 아주 가까워졌다는 생각이 들었다. 자신도 언젠가 할머니의 뒤를 따라가서 다시 할머니를 뵙겠노라 마음을 먹었다.

법당에는 향내가 가득했다. 그러자 인편에 전해 들은 이야기가 귓전에 맴돌았다.

"할머니가 외동 손자를 한 번만 보고 눈을 감으면 원이 없겠다고 하셨대."

* * *

스님은 어머니보다 할머니에게 더 각별한 정을 가졌습니다. 할머니 또한 외동 손자를 무척이나 아끼셨습니다. 어린 시절 스님은 할머니를 위해 10리 길을 걸어가 담배를 얻어 오기도 했습니다. 스님은 할머니의 고향인 부산 초량을 지날 때마다 정겹게 여겼다고 합니다. 스님은 말합니다.

> 나는 할머니의 지극한 사랑을 받으면서 자랐다. 어머니의 품속에서보다도 비쩍 마른 할머니의 품속에서 혈연의 정을 익혔을 것 같다. 그렇기 때문에 내 입산 출가의 소식을 전해 듣고 어머니보다 할머니가 더욱 가슴 아파했을 것이다.[10]

죽음은 마냥 낯설기만 하지 않습니다. 죽음은 언제나 남의 이야기만 되지 않습니다. 가까운 지인, 친척, 가족의 죽음을 통해 자신의 죽음을 생각하게 됩니다. 그 가운데서도 가족의 죽음은 자신의 몸 일부가 잘려나가는 고통을 안깁니다. 비로소 죽음이 가깝다는 걸 깨닫게 됩니다. 죽음은 결코 부정적이지만은 않습니다. 죽음이 있어서, 소중한 현재를 더욱 빛나게 살 수 있기 때문이지요.

톨스토이는 죽음의 공포보다 사랑의 감정이 더 강하다고 하면서 말합니다.

> 죽음이 임박했다는 의식은 사람들에게 자기 일을 완성하는 방법을 가르친다. 존재하는 모든 일 가운데서 언제나 완전하게 성취될 수 있는 일은 오직 한 가지다. 현재 사랑하는 것이 그것이다.[11]

무(無)라

새벽, 오랜 병고 끝에 효봉 선사가 자리에서 일어나 책상다리를 하고 앉았다. 곁에는 제자 일곱 명이 있었다. 그 가운데 법정도 있었다. 앙상한 몸의 선사는 실눈을 뜬 채로 주위를 바라보았다. 제자 한 명 한 명의 얼굴이 눈에 들어왔다.

며칠 전에 제자들이 물었다.

"스님, 마지막으로 남기실 말씀이 있습니까?"

그러자 선사가 대답했다.

"인연이 다한 게야. 나는 군더더기 같은 말은 안 한다."

그러곤 열반송(涅槃頌 고승들이 입적할 때 수행에서 얻은 깨달음을 전하는 마지막 말이나 글)을 읊었다.

> 내가 말한 모든 법은
> 그거 다 군더더기
> 오늘 일을 묻는가
> 달이 일천강에 비치니라

선사는 자세를 흩트리지 않고 염송(念誦 마음으로 부처를 생각하면서 부처의 이름이나 불경의 문구를 읊음)을 이어갔다. 선사의 염송은 서너 시간을 훌쩍 넘기고 있었다. 선사는 말년에 '무라 노장'이라는 호칭을 들을 정도로 무자 화두 참선에 투철했다. 자나 깨나 무자 화두에 매진했기에 대화하는 도중에도 "무라" 하고 말했고, "무라" 뇌면서 춤을 추기도 했다. 병상에서도 "무라" 하고 입버릇처럼 소리를 냈다.

그런 선사가 지금 무에 바짝 다가서고 있었다. 어느덧 6시간이 가까워졌다. 오전 10시가 되었을 때였다.

"무라."

이 말을 끝으로 염주 돌리기가 뚝 그쳤다. 선사는 앉은 채로 입적했다.

* * *

 스님에게 효봉 선사는 자신을 깨달음으로 인도한 스승입니다. 그런데 효봉 선사는 자신이 했던 모든 말이 군더더기라고 해버립니다. 이는 자신의 권위며 가르침 전체를 휴지 조각처럼 버리는 것과 같습니다. 선사가 했던 가르침이 가짜라서 그랬을까요? 그렇지 않습니다.

 진정한 깨달음은 고착화된 관념과 개념으로 말해질 수 없기 때문입니다. 말과 문자로 이렇다저렇다 하는 순간 이미 진리와 동떨어지게 됩니다. 그래서 말과 개념을 뛰어넘은 '화두 선'의 전통이 이어지고 있습니다. 참선에서 제일 많이 활용되는 화두가 무입니다. 스님은 말합니다.

> 스님은 '조주무자(趙州無字)'로써 평생 화두를 삼았다. 그리고 남에게 화두를 일러줄 때에도 누구에게나 한결같이 이 무자 화두를 일러주곤 하였다. 중국과 우리나라를 통해서 이 무자 화두만큼 공부하는 이의 눈을 많이 틔어 준 화두가 없다고 하였다.[12]

'무'는 말 그대로 없는 게 아닙니다. 그렇다고 있는 것도 아닙니다. 이승만 대통령이 생일을 물었을 때 효봉 선사가 대답한 말이 이에 대한 단서입니다.

"생불생 사불사(生不生 死不死 살아도 산 것이 아니요, 죽어도 죽은 것이 아니다)인데, 어찌 생일이 있겠습니까?"

불교,
사회와 템포를
맞추어야

❋

법정이 동국역경원에서 역경위원으로 활동하던 1968년이다. 그는 석가탄신일을 앞두고 모 심포지엄에 참석했다. 주제는 '오늘을 사는 승가'였다. 모 발표자가 승가가 오늘의 현실을 바로 볼 줄 알아야 한다고 역설하면서 말했다.

"오늘이라는 역사의식 없이는 한국 불교는 고속도로 옆에 비켜선 것과 다름없습니다. 조선 왕조의 낡은 이정표와 같은 골동품으로 전락하고 말 것입니다. 하루빨리 산중불교에서 탈피해 민중에게 다가서야 합니다."

이후 열띤 토론이 이어졌다. 한 사람은 "현대 사회와 소통하기 위해서는 경전의 한글화와 대중화를 해야 합니다"

라고, 또 한 사람은 "한국 불교가 대중에게 외면받는다는 것은 곧 한국 전통 사상의 위기이며, 이를 직시하고 불교 진흥에 앞장서야 합니다"라고 말했다.

이에 대한 반대 의견도 있었다. 한 사람은 "제행무상이라 변하는 가운데 변하지 않는 게 불교입니다. 무조건적인 현대화, 대중화는 안 됩니다"라고 주장했고, 또 한 사람은 "종교인이라고 해서 선민의식에 사로잡혀서는 곤란합니다, 불교 근대화를 위한 구체적인 방안이 무엇입니까?"라고 했다.

법정 또한 빠질 수 없었다. 그는 근대화를 향한 승가의 발전 템포와, 사회 또는 과학 발전의 템포가 일치하지 않는 데서 문제가 생긴다고 역설하면서 말했다.

"사회의 악보를 읽을 줄 모르고서야 어떻게 도시에 침투해서 장단이 맞는 춤을 출 수 있느냐? 불교계가 적절한 시기에 맞추어 준비를 잘 해야 한다."[13]

그의 날 선 비판의식은 1969년 불교신문사 논설위원을 할 때도 마찬가지였다. 본래의 뜻과 멀어지는 불교를 신랄하게 비판했다. 이러한 비판 정신은 늘 그와 함께했다.

스님은 극락에 가도록 복 빌어주고 시주나 거둬들이는 기생충으로, 절간은 관광 수입이나 노리는 호텔로, 불교인은 역사의식을 상실한 허약자로 돼버렸다. 이처럼 한국 불교가 변질된 것은 사회의 안녕보다 교단의 안녕을 희구해온 사이비 불교 성직자 때문이다.[14]

* * *

스님은 자신의 깨달음과 중생 구제를 구분하지 않았습니다. 이는 우리 대승 불교의 '상구보리 하화중생(위로는 부처님의 깨달음을 추구하고, 밑으로는 중생을 교화한다)'이라는 말과 맞닿아 있습니다. 스님은 언제 어디에 있든지 항상 중생의 아픔을 함께하고자 했습니다. 스님은 말합니다.

석존은 길에서 태어나 평생을 길 위에서 살았다. 그리고 마침내는 그 길에서 돌아가셨다. 그는 각자의 사명을 다하느라 하루도 쉴 날이 없었던 활불이었다. 마지막 입멸하는 순간까지도 교화중생하던 젊은 활불이요 동불이었다. 그는 가만히 앉은 자리에 시물이나 받아먹는 노란 좌불이 아니었다.[15]

아는 것에만 머물러서는 곤란합니다. 알고 있는 걸 실천할 때 앎의 진가가 발휘되기 때문입니다. 공자는 『논어』에서 말했습니다. "제자입즉효 출즉제 근이신 범애중이친인 행유여력 즉이학문(弟子入則孝 出則弟 謹而信 汎愛衆而親仁 行有餘力 則以學文 제자는 집에 들어오면 효도하고, 밖으로 나가면 공손하며 삼가고 미더우며, 널리 많은 사람을 사랑하고 어진 이와 친밀히 지내야 한다. 이렇게 실천한 다음 남은 힘이 있거든 그때 글을 배워라)."

이렇듯 실천이 먼저이고 공부가 나중임을 잊지 말고 실천에 힘써보세요.

굴신
운동
비판

법정이 해인사 교무를 할 때였다. 당시 성철 스님을 친견하고자 전국 방방곡곡에서 사람들의 발길이 이어졌다. 성철 스님은 어떤 이유에선지, 자신을 만나려면 부처님에게 삼천 배를 드리라고 했다. 대통령도 예외가 아니었다. 박정희 대통령이 찾아오자 차마 삼천 배를 요구하지 못해 만나지 않았다. 어린아이들은 예외였다.

오해를 살 수 있는 삼천 배였다. 이를 지켜보던 법정은 직설적으로 비판의 글을 썼다.

'삼천 배는 굴신 운동일 뿐, 전혀 기도가 될 수 없다. 삼천 배는 다만 무릎을 굽혔다 펴는 운동일 뿐이다. 석가모

니 부처가 자신을 찾아온 중생에게 절을 하라고 한 적이 있는가?'

이 일로 해인사가 발칵 뒤집혔다. 까마득한 말단 스님이 조계종 최고 지도자의 처사를 비판했기 때문이었다. 상상도 할 수 없는 일이었다. 성철 스님을 지지하는 스님들은 한결같이, 삼천 배는 누구를 우상화하는 일이 아니라 그 과정에서 내면의 변화를 꾀하라는 뜻임을 역설했다. 저 자신을 위한 기도이자 수행이라는 말이었다.

홀로 섬처럼 떨어진 듯 생활하던 법정은 결국 해인사를 떠날 수밖에 없었고, 서울 봉은사의 다래헌으로 거처를 옮겼다. 훗날 성철 스님이 말했다.

"법정은 자기 펜대를 굽히지 않는 자야. 글을 쓰는 자는 누가 뭐라든 자기 입장을 끝까지 지켜야 하는 법이지."[16]

* * *

스님이 해인사를 떠난 후 1993년에 성철 스님이 입적하자 스님은 추모의 글을 발표했습니다.[17] 이 글에서 성철 스님의 수행자 수칙 다섯 가지를 언급하면서 자상한 성품을 회상합니다. 수행자의 수칙 다섯 가지는 '잠 많이 자지 말라', '말 많이 하지 말라', '간식하지 말라', '책 보지 말라', '함부로 돌아다니지 말라'였습니다. 그렇다고 형식적인 절에 대한 법정 스님의 비판이 철회된 것은 아닙니다. 스님은 말합니다.

> 흔히 불전에서 몇 자리의 절을 했다고 해서 무슨 기록의 보지자(保持者)처럼 으스대는 걸 본다. 어느 스님한테 가서 며칠 동안 몇만 배를 하고 왔다느니, 절을 하고 나니 얼굴이 예뻐지고 재수가 좋아지고 무슨 병이 낫고 어쩌고저쩌고. 이런 사람들은 진정한 의미에서 참회한 사람이 아니다. 참회인은 겸허하고 순수해야 한다.[18]

살아가다 보면 윗사람 눈 밖에 나지 않으려 하고 또 과잉 충성을 하기 마련입니다. '이건 아니다' 하는 것이 있어도 속으로 꾹꾹 눌러놓게 되지요. 그러면서 출셋길을 그려 보는 것이 인지상정입니다. 스님은 자신의 소신을 끝끝내 굽히지 않았습니다. 스님의 꼿꼿한 지조를 기억하면서, 오늘만큼은 나만의 주장을 펼쳐보면 어떨까요?

3장

다래헌 시절

다래헌
일지

역경위원으로 활동하던 법정은 1969년부터 1975년 10월 초순까지 서울 봉은사 다래헌에 머무르면서 경전 번역 작업에 중추적인 역할을 했다. 본래 그가 머문 곳은 별당으로 불렸는데, 그가 들어와 살면서 그곳을 '차가 오는 집', 곧 다래헌으로 불렀다.

그는 거기에 머무는 동안 차의 묘미를 알게 되었다. 아침저녁으로 차를 마시며, 참선하는 것은 물론 역경 작업에 몰두했다. 안개 자욱한 아침, 언제나처럼 그는 녹차를 우려내 한 모금 음미했다. 그때 맑은 미소를 지으며 신문을 전해주는 소년이 나타났다.

"오늘도 시간이 정확하네."

"뭘요."

소년은 신문을 건네주고 나서 돌아갔다. 소년은 절에서 밥을 지어주는 어머니와 함께 살고 있었다. 그는 소년과 우스갯소리를 나누기도 했는데, 때때로 그가 몸이 안 좋다고 엄살을 부리면 소년이 팔다리를 주물러주기도 했다. 그는 홀어머니와 함께 살면서 구김살 없이 살아가는 소년에게 정이 많이 갔다.[1]

가을이 깊어가고 있었다. 낙엽이 어지럽게 지고, 차가운 바람에 창문이 덜컹거렸다. 시상에 빠진 그는 번역하던 자료를 한편으로 밀어놓고는 원고지 위에 시를 적어나갔다.

다래헌 일지

연일 아침 안개
하오의 숲에서는 마른 바람 소리

눈부신 하늘을
동화책으로 가리다

덩굴에서 꽃씨가 튀긴다

비틀거리는 해바라기
물든 잎에 취했는가
쥐가 쏠다 만 맥고모처럼
고개를 들지 못한다

법당 쪽에서 은은한 요령 소리
맑은 날에
낙엽이 또 한 잎 지고 있다

나무들은 내려다보리라
허공에 팔던 시선으로
엷어진 제 그림자를

창호에 번지는 찬 그늘
백자 과반에서 가을이 익는다

화선지를 펼쳐

전각에 인주를 묻히다
이슬이 내린 청결한 뜰
마른 바람 소리
아침 안개

* * *

스님은 1969년에서 1975년 10월 초순까지 다래헌에 머뭅니다. 그리고 1969년 11월 9일 자 불교신문에 「다래헌 일지」라는 시를 발표합니다. 스님은 몇 해 전부터 시를 써서 발표해왔습니다. 스님의 문학적 재능은 시뿐만 아니라 소설에도 발휘되었습니다. 출가 전 「가을」이라는 단편소설을 습작했을 만큼 문학청년의 기질이 다분했습니다. 1957년에 사촌 아우에게 쓴 편지에서 말합니다.

가을! 생각 많은 계절이다.
책장 오른편 서랍 안에 졸작 「가을」이라는 소설이 있다.
한번 너만 읽어보아라.
안녕히

이런 스님은 다방면에 걸쳐 독서를 했지요. 이광수의 『원효대사』, 『문학 개론』, 『소설작법』, 『조선미술문화사논총』, 『조선미술사연구』, 『철학의 근본문제』, 『철학통론』 등의 책을 섭렵했습니다. 출가 후에는 『인도철학사』, 『시지프스의 신화』, 『까뮈의 사상과 문학』, 『사르트르의 사상과 문학』, 이태준의 단편 「돌다리」, 「복덕방」과 『상허문학독본』을 구해서 읽었습니다.

이렇듯 스님의 서정적이며 정갈한 문체는 하루아침에 탄생한 것이 아님을 알 수 있습니다. 많은 독서와 사색 그리고 습작이 밑거름되어, 다래헌에서 아름다운 문장의 『무소유』가 잉태되었습니다.

어느 분야에서든 마찬가지입니다. 꾸준한 훈련과 연습이 전제되어야 그 분야에서 성취를 내다볼 수 있겠지요. 미래는 하루하루 흘린 땀에서 만들어지는 것이 분명합니다.

차와 선은 한 가지

이른 아침, 법정이 다래헌 문을 열고 나왔다. 근처의 샘에 가서 물을 떠 온 후 차를 마시기 위해 물을 끓였다. 좋은 차를 만들기 위해서는 역시 좋은 물이 필요했다. 다래헌으로 와보니 운 좋게 샘이 있었다.

그는 좌정한 채로 끓는 물을 찻주전자에 넣어 녹차를 우려냈다. 그러곤 녹차를 찻잔에 부었다. 진한 향이 코끝에 감돌았다. 여느 차와 달랐다. 모 스님이 보내준 차였다.

"아는 비구니에게서 얻은 건데, 차를 좋아하는 스님이 생각나서 조금 보내드립니다."

그가 차와 조우한 지는 오래되었다. 미래사, 해인사, 통도사를 거치면서 차 맛을 배웠다. 하지만 차의 묘미를 느낄 수 없었다. 그러다 이곳에서 차의 맛에 빠져들었다. 특히 다래헌에 머무는 동안 우리 전통차 문화 보급에 앞장서 온 명원 김미희의 시주로 좋은 녹차를 자주 맛볼 수 있었다.[2] 그는 명원과 만나 차 이야기를 많이 나누었다.

찻잔을 입에 대고 한 모금 마셔보았다. 깊은 차 맛이 참으로 일품이었다. 그러자 조주 선사의 '끽다거(차나 한잔 들게나)'가 떠올랐다. 조주 선사는 깨달음을 구해 찾아온 수행자에게나, 전에 한 번 왔던 수행자에게나, 심지어 '차나 한잔 들게나' 하고 말하는 자신을 지켜보는 스님에게나 똑같이 차를 권했다. 조주 선사는 깨달음과 차 마시는 것이 구별되지 않는다고 역설했다. 선과 차 마시는 것이 하나라고 보았다.

조주 선사의 차 사상을 이어받은 초의 선사는 차를 '부처님에게 바치는 물'이라 했다. 초의 선사 또한 차와 깨달음이 하나라고 보았다.

그는 실눈을 뜬 채로 차의 맛과 향을 더듬어갔다. 그러면서 참선을 하듯 호흡을 이어갔다. 점차 내가 차를 마시는 것인지, 차가 나를 마시는 것인지 구별이 되지 않았다.

깊은 호흡이 거듭되자 자신과 차의 구분도 사라져 갔다. 온전히 하나였다.

이로써 그는 다선일미(茶禪一味)의 경지에 다다랐다.

* * *

스님은 미래사에서 처음으로 차를 맛보았습니다. 맛이 몹시 썼다고 합니다. 이후로 여러 절을 거치면서 차를 마셨지만 진정한 차의 맛을 몰랐습니다. 그런 스님은 다래헌에 머물면서 비로소 차와 선의 맛이 하나임을 체험하게 됩니다. 스님은 말합니다.

> 한 잔의 향기로운 차를 대할 때 나는 살아가는 고마움과 잔잔한 기쁨을 함께 누린다. 행복의 조건은 결코 거창한 데에 있지 않다. 맑고 향기로운 일상 속에 있음을 한잔의 차를 통해서도 우리는 얼마든지 느낄 수 있다.[3]

꼭 녹차일 필요는 없습니다. 바쁜 시간 속에서 김이 모락모락 나는 차 한 잔을 앞에 두고 잠시 숨을 고르는 여유가 필요합니다. 차를 마시는 동안 자신을 돌아보고, 또 새로운 일을 계획하면 좋습니다. 그러면서 차 한잔 마시는 소박한 행복을 음미하면 어떨까요? 차와 행복은 한 가지입니다.

도둑맞은
탁상시계

잠깐 자리를 비운 사이 도둑을 맞았다. 도둑이 들어봤자 가져갈 만한 물건이 없는 방이었다. 딱 하나, 책상 위에 놓아둔 시계가 예외였다. 그게 보이지 않았다. 매일 정확하게 시간에 맞추어 생활해온 터라 시계가 없으니 여간 불편하지 않았다.

시계 없이 며칠을 보내던 법정이 생각했다.

'눈을 가리고 생활하는 거나 다름없네. 그때그때 시간을 확인해야 하루가 제대로 돌아갈 수 있는데 이 일을 어찌하나.'

아침 예불이며 지인과의 약속, 번역, 원고 집필 등 시간을 엄수해야 할 일이 많았다. 며칠을 갑갑하게 보내던 그는 도저히 견딜 수 없어 청계천 고물상에 갔다. 다시는 도둑맞을 걱정이 없도록 중고 시계를 구입하기 위해서였다.

몇 곳을 둘러보다가 한 고물상 앞에서 멈춰 섰다. 한 사내가 가게 주인과 물건값을 흥정하고 있었는데, 그의 손에 들린 물건이 낯익었다. 도둑맞은 탁상시계였다.

'저런!'

탄식이 절로 흘러나왔다. 하지만 그는 전혀 동요하지 않고 사내에게 다가가 말했다.

"내가 사겠습니다. 얼마면 되겠소?"

그 사내가 법정을 위아래로 훑어보더니 놀란 표정을 지었다. 법정은 모른 척하고 사내가 요구하는 값을 지불했다. 도둑맞은 물건을 돈을 주고 산다는 것이 이상한 일이지만, 그는 자신의 물건을 다시 만난 인연을 고마워했다.

* * *

스님은 아침 예불을 하고 돌아오는 사이에 도둑을 맞았고, 나중에 도둑을 마주쳤습니다. 스님은 도둑을 꾸짖기는커녕 오히려 돈을 내고 도둑맞은 탁상시계를 되찾았습니다. '본래무일물(本來無一物 본래 하나의 물건도 없다)'이라는 말처럼 스님에게는 '내 것'이라는 집착이 없었습니다. 스님은 도둑을 용서한 일을 통해 자신을 돌아보았습니다. 스님은 말합니다.

> 용서란 타인에게 베푸는 자비심이기보다는, 흐트러지려는 나를 내 자신이 거두어들이는 일이 아닐까 싶다.[4]

많은 사람과 어울려 살다 보면 알게 모르게 타인에게 해를 주기도 하고 또 해를 입기도 합니다. 이 과정에서 해를 입으면 상대에게 용서를 빌라고 요구하지요. 잘못을 깨닫고 반성하라는 의미입니다. 대개 이렇게 용서를 구하는 타인에게서 보상받은 듯한 기분이 들어 안도의 숨을 내쉽니다.

그런데 용서는 반드시 용서를 구하는 자의 과제일까요? 그렇지 않습니다. 용서를 해주는 자의 과제이기도 합니다. 잘못한 타인을 용서해줌으로써 자기 내면의 성숙을 이끌 수 있기 때문입니다.

마하트마 간디는 말합니다.

약한 자는 결코 용서할 수 없다. 용서하는 마음은 강한 자만이 가질 수 있는 특성이다.

수녀님의
음악
공양

"인도 고전에는 이런 구절이 있습니다. 절대고독의 한가운데 우뚝 선 자가 곧 수도자다. 언제나 꽃처럼 새롭게 피어나는 자, 그 꽃향기로 넘치는 자, 그가 곧 수도자다. 고독과 고립은 다릅니다. 수도자는 고독할 수는 있어도 고립이 되어서는 안 됩니다. 고립은 공동체와 단절을 뜻하기 때문이지요. 절대고독이란 의지할 것이 없이 외로워서 흔들리는 그런 상태가 아니라 당당한 인간 실재의 모습입니다."

법정이 성 바오로 수도회에서 강연했다. 그는 고립이 아닌 고독 속에서 비로소 하느님과 함께하게 된다고 역설했다. 이와 함께 수녀님들의 요청에 따라 참선에 대해서도 강의했다. 수녀님들은 서양 종교의 길을 걸어가고 있었지만, 한국인으로서 전통 종교의 수행법에 관심이 있었다. 묵상에 익숙한 수녀님들은 자연히 침묵과 함께하는 참선을 알고 싶어 했다.

그는 수녀님들을 바라보면서 말했다.

"선이라는 말은 요가에서 나왔습니다. 요가의 선나 혹은 빨리어(중세 인도아리아어) 즈하나를 중국의 한자로 음사한 거죠. 우리 한국 불교는 중국의 조사선(祖師禪 달마가 본래 전한 선법)을 이어받았는데 대표적인 수행법이 화두선입니다. 화두선의 화두라는 말은…"

이렇듯 불교 수행자인 그와 수녀님의 교유가 이어졌다. 그가 수도회를 찾아가는 것은 물론 수녀님들이 다래헌 연못에 핀 연꽃을 보려고 스님을 찾아오기도 했다. 종교는 달랐지만 수행자라는 점에서는 같았기에 서로 존중했다.

그러던 어느 날이다. 점심시간이 끝난 후 수녀님들이 그를 명동성당으로 모셨다. 예정에 없던 일이라서 그는 의아하게 생각했다. 그가 성당 안으로 들어섰을 때였다. 장엄한 파이프 오르간 소리가 실내를 가득 메우기 시작했다.

그윽한 선율이 온몸을 에워싸는 듯한 느낌이 들었다. 파이프 오르간 선율은 차라리 신의 숨결과 같았다. 신성이 가슴으로 전해지는 듯했다.

무엇엔가 홀린 듯한 그는 일전에 수녀님들에게 했던 말을 떠올렸다.

"성당의 파이프 오르간 선율을 한번 듣고 싶습니다."

수녀님들이 자신의 소망을 기억해두었다가 들어준 것이다. 그는 뭉클한 감동을 느끼며 수녀님들에게 감사의 합장을 했다.

* * *

스님은 종교의 구속에서 자유로웠습니다. 수녀님, 신부님과 친밀하게 교유하면서 수행자의 본분을 재확인했습니다. 절대자가 누구냐, 교리가 어떠냐에 얽매이지 않았습니다. 절대고독 속에서 온몸으로 밀고 가는 수행, 그 자체가 중요했습니다. 그래서 가톨릭 신앙의 성소에서 선물로 받은 성가에 감동하였습니다. 스님은 말합니다.

그날 한 수녀님이 내게 들려준 파이프 오르간의 그 장

엄한 음악은 이따금 '그 집 앞'을 지날 때마다 내 귓속의 귀에 들린다. 그때의 음악은 내 생에서 두고두고 잊히지 않은 최대의 공양이 될 것이다.[5]

공경하는 마음으로 음식, 재물 등을 베푸는 것을 공양이라고 합니다. 우리 주변에 공양할 대상은 수도 없이 많습니다. 부모님, 스승, 직장 선배와 동료, 친구, 이웃 등에게서 입은 은혜가 적지 않기 때문입니다. 여기서 더 나아가 수녀님이 법정 스님에게 공양을 드렸듯이, 나와 다른 가치관과 세계관, 종교를 가진 분들에게도 공양을 아끼지 말아야 하겠지요. 진정한 공양은 차이와 구별을 넘어설 때 더욱 빛난다는 것을 잊지 마세요.

민주화 운동과 함석헌

1970년대 초, 법정은 재야 지식인들과 함께 최초의 민주화 상설 조직인 '민주수호국민협의회'를 결성해 유신 철폐와 개헌 요구 서명 운동을 벌였다. 1971년에는 선거가 공명정대하게 이루어져 군사 정권이 종식되기를 바랐지만, 그 꿈이 이루어지지 못했다. 몇 년 뒤, 이 협의회 강연회에서 그는 말했다.

"집권자와 주변의 몇몇 사람을 제외한 대다수 국민은 조국에 대한 애정으로 스스로의 생존과 자유를 지키기 위해 유신 체제의 폐지를 원한다. 때문에 우리는 현행 헌법을 전면적으로 개정하는 길밖에 없음을 자각해 실천 운동을 벌일 수밖에 없다."[6]

그는 종교인으로서 누구보다 현실 참여에 앞장섰다. 당시 이 협의회는 함석헌이 주도하고 있었는데, 법정은 해인사 시절부터 그를 알고 있었다.『사상계』를 탐독하던 법정은 사상계 사무실에 들렀다가, 장준하와 함께 함석헌을 만날 수 있었다. 사무실에서 장준하와 인사를 나눌 때 함석헌이 들어왔다. 모 대학에서 강연을 마치고 사무실로 온 것이었다.

수염이 긴 그가『씨울의 소리』를 창간한 사람임을 한눈에 알 수 있었다. 장준하가 그에게 법정을 소개했다.

"이 스님은 해인사에 계신데, 불교 번역에 많은 힘을 쏟고 있습니다. 또한 불교계는 물론 현 정부에 대한 비판 의식이 매우 날카롭습니다."

함석헌이 미소를 띠며 말했다.

"젊은 스님 같은 스님이 많이 나와줬으면 좋겠습니다."

『씨울의 소리』에서 '씨'는 민중을 뜻하는 말이었다. 그만큼 이 잡지는 민중을 대변하고 민중이 알아야 할 것을 올곧게 전하는, 개혁적이며 진보적인 성향을 지니고 있었다. 이로 인해 정부의 탄압을 받고 폐간을 당하기도 했다.

이후 두 번째 조우가 이루어졌다. 함석헌이 『뜻으로 본 한국 역사』 원고를 손질할 때 해인사의 암자를 찾았다. 이때 그는 시간이 날 때마다 함석헌과 종교, 사회, 역사, 문학 등에 관해 많은 이야기를 나눌 수 있었다.

이런 인연으로 그가 서울 봉은사 다래헌에 머물자 교유가 본격적으로 이루어졌다. 매주 『씨올의 소리』 편집 회의를 다래헌에서 했다. 함석헌은 마하트마 간디, 칼릴 지브란, 노자 등을 막힘없이 이야기하는 것과 함께 현 정부를 신랄하게 비판했다. 그러자 경찰이 다래헌에 상주하면서 이들을 감시했다.

이 둘의 끈끈한 유대는 얼마 가지 못했다. 민주화 운동을 하던 청년들이 인혁당 사건으로 사형 사고를 받은 이튿날 교수대 이슬로 사라지고 만 것이다. 이 충격으로 민주화 운동 방식에 대해 번민하던 법정은 출가자로서의 자신을 돌아보고자 송광사로 떠났다.

1975년 가을, 송광사로 떠나온 그를 함석헌이 일행과 함께 찾아왔다. 이것이 함석헌과의 마지막 만남이 될 줄 예상하지 못했다. 그는 함석헌이 지친 목소리로 한 말을 잊지 못했다.

"나도 젊다면 산속에 들어와 중이나 되었으면 좋겠소."[7]

* * *

스님은 정부의 부정과 부조리를 비판하는 데 주저하지 않았습니다. 이 와중에 진보적 인사와 깊은 교유를 이어갔는데, 함석헌은 물론 장준하와의 관계가 각별했습니다. 장준하가 불의의 사고로 유명을 달리하자, 추모 글에서 그를 "불의 앞에 용감히 도전한 행동인"이라고 칭했지요. 더욱이 그가 떠난 후 그의 집안에서 딸을 결혼시키려고 하는데 돈이 없다는 사정을 전해 듣자, 『무소유』의 인세로 받은 50만 원을 건네주었다고 합니다. 이처럼 진보적이고 개혁적이던 스님에게 전환점이 찾아옵니다. 스님은 말합니다.

> 생때같은 젊은이들을 하루아침에 죽게 한 이와 같은 반체제 운동이 어떤 의미가 있을지 곰곰이 생각하지 않을 수 없었다. 명색 출가 수행자로서 마음에 적개심과 증오심을 품는다는 일 또한 자책이 되었다. 무슨 운동이든지 개인의 인격 형성의 길과 이어지지 않으면 별 의미가 없겠다는 생각이 들었다.

다시 원위치로 돌아가 내가 무엇 때문에 출가 수행자가 되었는가를 되돌아보지 않을 수 없었다. 그리고 내 그릇과 삶의 몫이 무엇인가도 다시 헤아리게 되었다.[8]

이로부터 스님은 출가자의 초심으로 돌아가게 됩니다. 스님은 더욱더 깊은 수행에 매진하는 동시에, 불경을 번역하고 주옥같은 글을 발표하면서 기회가 될 때마다 비판적이며 개혁적인 글을 발표했습니다. 또한 현실 참여의 끈을 놓지 않았습니다.

스님과 장준하, 함석헌은 왜 가시밭길을 걸어갔을까요? 분명한 것은 이분들이 자신의 안일과 행복보다는 나라의 안위와 정의를 먼저 생각했다는 점입니다. 이러한 헌신으로 우리나라는 퇴보하지 않고 나날이 발전하게 되었겠지요. 때때로 나만을 위해서가 아니라 주변의 이웃을 위해 시간을 써보면 어떨까요? 이런 배려와 봉사를 통해 우리 사회에는 온기가 가득해질 거예요.

4장

불일암 시절

빠삐용
식탁

한동안 함석헌, 장준하와 함께 민주화 운동에 동참했던 여러 동지의 얼굴이 떠올랐다. 그들에게 부족하나마 힘을 보태야 한다는 생각이 뇌리에 맴돌았다. 그럴수록 더욱 자신을 다그치면서 송광사 뒷산의 불일암에서 수행에 전념했다.

산 중턱의 불일암에서 지내는 동안 출가 때의 마음가짐이 되살아났다. 무엇에도 얽매이지 않는 영원한 자유의 길을 찾고자 했던 예전의 자신을 되찾을 수 있었다.

'이제 다시 시작이야. 나와 너, 증오와 사랑, 선과 악, 삶과 죽음의 구분을 넘어서는 수행을 하는 거야. 부처님은 아옹다옹하는 인간 사회를 보고 누구를 편들고 누구를 탓하지 않을 거야. 이제 나는 그 화엄의 길을 걸어갈 거야.'

법정은 송광사에서 산길을 2킬로미터 올라가야 하는 곳에 수행처를 마련했다. 산속의 사찰인 송광사로도 부족해 일부러 더 깊은 산속으로 들어간 것이다. 최대한 모든 집착과 구별에서 멀어져서 오직 홀로 있고자 했다. 불일암에서는 아침저녁으로 새소리가 들리고 서늘한 바람을 맞을 수 있었다. 인위적인 소리가 전혀 들리지 않았다. 비로소 자연의 일부가 된 듯해 안도감이 들었다.

'나는 숲의 일부일 뿐이야. 이곳에서 자연을 거스르지 않고 자연의 리듬에 따라 생활해야겠어. 도시 생활로 찌든 머리를 맑은 공기로 씻어버리노라면 수행자의 초심으로 돌아갈 수 있겠지.'

산에 올라와서 처음 만든 것은 식탁과 의자였다. 부엌에서 간편하게 식사하기 위해서였다. 헌 판자 조각으로 식탁을 만든 후, 참나무 장작으로 의자를 만들었다. 그러곤 식탁에서 식사를 했다. 그는 자신의 처지가 시간을 낭비한 죄목의 빠삐용와 같다는 생각이 들었다. 그래서 식탁에 '빠삐용 식탁'이라고 이름을 지었다.

그리고 나서 식탁 옆에 글귀를 써 붙였다.

'먹이는 간단명료하게.'

* * *

스님은 7년여를 머물던 다래헌을 미련 없이 떠났습니다. 수행자의 본분에 충실하기 위해서였습니다. 스님은 종교인으로서 사회 참여에 제 몫을 했으며, 남은 과제는 민주화 동지의 몫이라고 판단했습니다. 스님은 수도장인 불일암에서 절대고독의 자신을 마주합니다. 스님은 말합니다.

> 수행자에게 자기 내면에 지닌 빛이 바래져간다는 것은 결코 작은 일이 아니다. 수행자가 빛의 기능을 잃는다면 자신뿐 아니라 그 둘레에도 어두운 그늘을 드리우게 마련이다.[2]

자존감을 상실하고, 또 상처를 받는 분들이 많아지고 있습니다. 더욱이 앞날에 대한 전망은 어둡기만 합니다. 가슴이 답답합니다. 대책이 없을까요?

스님이 알려주고 있습니다. 내면 키우기에 대해 말입니다. 타인의 시선에 휘둘리지 않고, 또 상처에 내성이 강한 내면을 기르는 것이 대책입니다. 그간 소홀히 여기고 방관했던 내면의 깊이에 푹 빠지노라면 가슴 환한 자아를 발견할 수 있습니다.

2년 2개월간 숲에서 홀로 살았던 헨리 데이비드 소로는 『월든』에서 모 탐험가의 경구를 강조합니다.

> 그대의 눈을 내면으로 돌려보라, 그러면
> 그대의 마음속에 아직 발견되지 않은
> 수많은 곳을 보게 되리라. 그곳을 여행하라.
> 그리하여 자신의 우주에 통달하라.[3]

법정과 성철,
경쟁자이자
도반

"성철 스님이 부탁해서 왔습니다."

원택 스님이 성철 스님의 원고 더미가 들어 있는 걸망을 내려놓았다. 그러고는 윤문해 달라는 성철 스님의 부탁을 전해주었다. 법정이 말했다.

"글의 토씨 하나하나에 그분의 숨결과 지혜가 들어 있는데 어떻게 내가 손댈 수 있겠소?"

하지만 말과 달랐다. 원택 스님과 이야기를 나눈 끝에 부탁을 받아들이기로 했다. 그는 해인사를 자의 반 타의 반 떠나던 때를 잊지 않았다. 이뿐만이 아니다. 그는 성철 스님의 돈오돈수(頓悟頓修 단박에 깨쳐서 더 이상 수련할 것이 없다)와는 입장이 달랐다. 즉, 돈오점수(頓悟漸修 깨달음을 위해 점진적인 수행이 필요하다)를 주장했다. 이렇듯 두 스님 사이에는 넘지 못할 선이 있었다. 하지만 자신이 속한 조계종의 큰스님을 존중하는 마음으로 책 발간에 일손을 보태는 것이 마땅하다고 여겼다.

이런 그의 노고로 1980년대 초에 『선문정로』와 『본지풍광』, 『백일법문』이 세상에 나왔고, 이를 통해 대중이 성철 스님의 사상에 많은 관심을 갖게 되었다. 법정은 책이 출간되자, 독자들이 큰 밝음을 얻을 수 있기를 바라며 읽기를 적극 추천했다.

성철 스님의 책이 일반 서점에 나오는 데도 그가 기여했다. 보통 스님의 책은 시중의 서점에서 판매되는 것이 아니라 사찰 중심으로 읽혔다. 시주자가 책을 구입해서 스님과 신도들에게 무상으로 돌렸다. 그러나 여러 권의 책으로 대중에게 많은 사랑을 받아온 법정은 다른 견해를 내놓았다.

"성철 스님의 사상은 사찰 중심으로 읽혀서는 곤란합니다. 일반 책처럼 가격을 매겨 서점에서 판매해야 합니다. 그래야 책이 살아 숨 쉬게 됩니다. 언론계, 학계, 출판계에서 주목할 뿐만 아니라 많은 대중이 책을 읽게 되죠."

이런 견해에 처음엔 성철 스님이 요지부동이었다. 하지만 얼마 후 법정의 의견을 따르기로 했다.[4]

* * *

스님과 성철 스님은 한울타리 안에서도 각기 길이 달랐던 듯합니다. 스님이 해인사를 떠나게 된 것은 성철 스님의 굴신 운동을 비판했기 때문이었습니다. 이와 더불어 스님은 성철 스님의 돈오돈수 사상을 반대했습니다. 그리고 1987년에 반대 사상인 돈오점수를 대변하는 보조사상연구원 원장을 맡았습니다. 스님은 말합니다.

> 교단 일각에서는 고정관념에 사로잡혀 보조의 돈오점수 사상을 갖고 왈가왈부하고 있으나 종교의 근본은 공허한 말끝에 있지 않고 투철한 체험과 실행에 있음을 우리는 분명히 알아야 한다. 불타 석가모니의 경우 보리수 아래의 깨달음은 돈오이고, 이후 45년간의 무수한 중생 제도는 점수에 해당한다. 이것이 바로 불교의 두 날개인 지혜와 자비의 길이다.[5]

이렇듯 스님과 성철 스님은 너무나 달랐습니다. 그런데도 성철 스님은 법정 스님의 문장을 인정했고, 또한 법정 스님은 큰스님의 권위를 존중했습니다. 훗날 성철 스님의 상좌 원택 스님은 두 분의 관계를 "경쟁자이면서 서로가 가장 인정하는 도반"[6]이라고 말합니다. 또한 성철 스님의 책을 출간하는 데 법정 스님이 기여했음을 솔직하게 인정합니다.

어느 곳에서나 경쟁이 요구되고 있습니다. 반드시 다른 누군가를 누르고 올라서야 인정받습니다. 단 한 명의 승리자만이 의미가 있는 걸까요?

법정, 성철 두 스님은 경쟁 관계 속에서도 이 시대의 두 어른으로 존경받고 있습니다. 피치 못할 경쟁 속에서도 서로 존중한다면 두 명의 챔피언으로 당당히 설 수 있습니다. 혼자라면 빨리 갈 수 있지만, 함께라면 더 멀리 갈 수 있다는 것을 잊지 마세요.

첫 제자와의
약속

"어디서 왔지?"

한 청년이 마당 안으로 들어서자 법정이 물었다. 송광사의 서울 분원인 법련사에 잠시 머물던 법정은 마당의 눈을 쓸고 있었다. 청년이 쭈뼛거리며 말했다.

"전 학생인데 그냥 지나다가 들렀습니다."

그는 미소를 지으며 빗자루를 탈탈 털고 마당 한편에 세워놓았다. 그러곤 청년을 바라보며 말했다.

"날씨도 추운데 차나 한잔하고 가게."

둘은 방 안으로 들어가서 차를 마시며 이야기를 나누었다. 모 대학 법학과 입학을 앞두고 있는 청년은 앞에 있는 분이 법정이라는 사실을 까맣게 몰랐다. 법정이 소탈하게 이야기를 들어주자, 청년은 거침없이 자신의 의사를 피력했다.

"광주 민주 항쟁을 어떻게 생각하세요? 언론에서 왜곡 보도를 하고 있잖아요. 지식인들이 앞장서서 군사 정권을 빨리 종식해야 한다고 봅니다."

대학 입학을 앞둔 학생치고는 꽤 깊은 사회의식을 지니고 있었다. 이와 함께 청년은 문학, 철학, 종교 등에 대해서도 자기 의견을 내놓았다. 법정은 기특하게 여겨 그의 말을 잘 들어주면서 자신의 견해를 피력했다.

"대학 가서 더 많은 독서와 경험을 해보게. 자네처럼 의식 있는 학생이 많이 나와야 한다고 보네. 그래야 하루빨리 민주주의가 꽃피울 수 있겠지."

이날 법정은 그에게 자신의 책 『서 있는 사람들』을 선물했다. 책 제목은 '제자리에 앉지 못한 선량한 이웃'을 의미했다. 그는 책에 썼다.

'맑고 향기로운 대학 생활이 되길, 왕상한 군에게'

이런 인연으로 그와 청년의 교유가 이어졌다. 수많은 편지가 쌓여갔다. 이 와중에 청년은 '음악 담당 보좌관'을 자처했고, 둘은 함께 음악을 감상하고, 영화를 보고, 미술 전시를 관람하고 또 여행을 떠났다. 그는 청년이 힘들 때마다 따뜻하게 조언해줌으로써 인생의 등불이 되어주었다. 훗날 그는 청년에게 '청매'라는 계명을 주고 첫 제자로 삼았다.

그는 주례를 서지 않는 것으로 유명했다. 하지만 대학생이던 첫 재가 제자가 자신이 결혼한다면 주례를 서주실 수 있느냐고 묻자 별생각 없이 그러겠노라 했다. 20여 년이 흘렀다. 첫 제자의 결혼식에서 처음이자 마지막 주례를 섰다. 그는 주례사에서 말했다.

"두 가지 숙제를 내겠습니다. 첫째는 한 달에 산문집 두 권과 시집 한 권을 사서 읽으세요. 우선 두 사람이 각각 산문집을 읽은 후 서로 바꿔서 낭송하세요. 그러면 서로의 공감대를 넓힐 수 있습니다. 다음 시집을 낭송하세요. 그러면 풋풋한 가슴을 가질 수 있기 때문에 삶 자체가 시가 될 수 있습니다. 둘째는 될 수 있는 한 쓰레기를 줄이세요. 마구 물건을 들여놓다 보면 물건의 노예가 되게 되니, 꼭 필요한 것만 들여놓으세요. 적게 가지고 멋지게 살

아가세요."⁷

* * *

　스님은 학생 한 명에게도 따뜻한 관심을 잃지 않았습니다. 이런 인연으로 왕상한 교수와 사제의 관계를 맺게 됩니다. 왕 교수는 스님이 문방구에서 새로 나온 종이와 연필을 대하고 어린아이처럼 좋아했다고 전합니다.⁸ 본래 스님은 자신이 결혼하지 않았으니 주례를 설 수 없다고 했습니다. 하지만 제자에게 주례를 서겠노라 약속했기 때문에 딱 한 번 주례를 서주었지요. 스님은 말합니다.

> 나는 오늘 일찍이 안 하던 짓을 하게 됐다. 20년 전에 지나가는 말로 대꾸한 말빚 때문이다. 사람은 자기가 한 말에 책임을 져야 한다. 사람만이 책임을 질 줄 안다.
> 오늘 짝을 이루는 두 사람도 자신들이 한 말에 책임을 져야 한다. '믿음과 사랑으로 하나 되어 세상에 서겠다'고 했으니(청첩장에 박힌 그들의 말이다) 그 믿음과 사랑으로 하나 되어 끝까지 책임을 져야 한다. 무릇 인간관계는 신의와 예절로써 맺어진다. 인간관계가 단절되는 것은 신의와 예절을 소

홀히 하기 때문이다.[9]

 말을 낭비하지 않았습니까? 책임질 수 없는 말을 남발하지 않았습니까? 탕진되지 않는다고 해서 함부로 말을 내뱉어서는 안 됩니다. 한 사람의 인격은 말과 말에 대한 책임으로 완성됩니다. 이 때문에 지위 고하를 떠나 사람과 사람 사이에 주고받는 말은 신중해야 합니다.
 김수환 추기경의 '인생 덕목'에는 이런 말이 나옵니다.

말을 많이 하면 필요 없는 말이 나온다. 양 귀로 많이 듣고, 입은 세 번 생각하고 열라.

네가
서 있는
바로
그 자리다

1984년에 법정은 송광사 수련원장을 맡았다. 그가 이끄는 선 수련회가 대중에게 큰 호응을 받아, 한 해 500여 명이 참가할 정도로 성황을 이루었다. 『무소유』의 스님으로 알려진 그는 대중의 많은 관심 속에서 선에 대해 강의했다.

  때때로 바쁜 일정이 이어졌다. 하지만 늦은 밤에도 불일암으로 돌아갔다. 늦은 밤 산길은 젊은이도 내키지 않을 텐데 그는 반드시 자신의 거처로 돌아갔다. 시간이 늦으면 송광사에서 하루를 묵어도 되었지만 자신과의 약속을 지켰다. 수행의 본분을 잊지 않기 위해, 매일 불일암으로 돌아갔다.

그러던 어느 날이다. 마당에 있던 한 청년이 물었다.

"스님, 수류화개실이 어디입니까?"

자신의 소문을 듣고 찾아온 듯했다. '수류화개실'은 불일암 다실에 붙인 이름이었다. 이는 중국 송대 시인이자 서예가인 황산곡의 시 '萬里靑天(만리청천) 雲起雨來(운기우래) 空山無人(공산무인) 水流花開(수류화개)'에서 따왔다. 풀이하면 이렇다.

> 구만리 푸른 하늘에
> 구름 일고 비 내리네
> 빈산엔 사람 하나 없어도
> 물 흐르고 꽃이 피더라

깊은 산속에서 시인이 읊은 "물 흐르고 꽃이 피더라"는 삼매(三昧 불교 수행의 한 방법으로 순수한 집중을 통하여 마음이 고요해진 상태)의 경지를 엿보인다. 이를 잘 아는 그가 자신의 거처를 '수류화개실'로 정한 것은 너무나 당연했다. 그는 깊은 산속에서 매일 선정에 들고 있었다.

청년은 그곳을 전혀 알아채지 못했다. 그가 곧바로 답

했다.

"네가 서 있는 바로 그 자리다."

* * *

스님은 삼매의 경지이자 극락과 천당을 다른 곳에서 찾지 말라고 합니다. '물 흐르고 꽃이 피는 곳'은 삼매의 경지이며 또한 극락이자 천당인데, 바로 지금 여기에 있다고 말합니다. 딴 곳에서 찾느라 허송세월하지 말라는 것입니다. 스님은 말합니다.

> 사람은 어디서 무슨 일에 종사하면서 어떤 방식으로 살건 간에 자기 삶 속에 꽃을 피우고 물이 흐르도록 해야 한다. 그렇지 않으면 하루하루 사는 일이 무료하고 지겹고 시들해지고 만다. 자기 자신이 서 있는 그 자리를 두고 딴 데서 찾으려고 한다면 그것은 헛수고일 뿐. 그렇기 때문에 저마다 지금 바로 그 자리가 자기 삶의 현장이 되어야 한다.[10]

우리 생애의 최고의 절정은 언제일까요? 가장 행복한

때는 언제일까요? 과거나 미래의 어느 순간이라고 보는 분들이 적지 않겠지요. 잘못된 생각입니다. 우리 삶의 최고 하이라이트는 바로 지금, 여기입니다. 상황과 여건이 안 좋다고요? 그것도 지금, 여기가 눈부신 축제의 현장임을 가리지 못합니다. 축제의 주인공은 바로 나 자신입니다.

이웃이 바로
살아 있는
부처예요

"우리는 남의 이야기를 들을 수 있는 힘이 부족해요. 자신을 비울 때 남의 이야기를 들을 수 있고, 비로소 대화가 가능합니다. 오늘날 정치나 경제 등 각 분야에서 서로 마음을 비우지 않고 자기 소리만 하기 때문에 갈등과 문제가 있는 거죠."[11]

봄이 되자 법정은 서울 송광사 분원 법련사에서 법회를 했다. 그가 법회를 한다는 소식에 신도 수백 명이 모여들었다. 법련사 앞길까지 긴 줄이 이어졌다. 도심 속의 삶에 지친 사람들이 깊은 산속의 불음을 듣고자 했다.

그는 법문에 들어가기에 앞서, 자신이 산속의 꽃가루 때문에 알레르기로 고생한다고 말했다. 이 한마디의 말로 신도들과 그의 거리감이 없어졌다. 신도들은 그를 친근하고 정감 넘치는 스님으로 받아들였다.

법어가 이어졌다. 그의 법어는 내면 완성에만 함몰되지 않고, 신랄한 현실 비판을 동반했다. 카랑카랑한 목소리가 법당 가득 울려 퍼졌다.

"한국 불교는 1천6백년의 역사를 지니고 있어요. 그러나 부처님의 정법이 활발히 펼쳐지지 못하고 있습니다. 이것은 승려나 불자들이 '중생이 아프니 나도 아프다'는 깊은 보살행을 체득화, 생활화하지 못했기 때문이에요."[12]

'보살행'이란 깨달음을 위해 마땅히 실천해야 할 행위를 말한다. 이 가운데 대표적인 것이 대비심으로 중생의 아픔을 덜어주는 행동이다. 자식이 아프면 부모가 아프듯, 중생이 아프면 보살 또한 아프다. 때문에 깨달음을 추구하는 수행자는 마땅히 중생의 아픔을 자신의 아픔으로 껴안고, 그 아픔을 덜어내야 한다.

그는 계속해서 말을 이어갔다. 나 자신이 부처이듯 이웃 또한 부처임을 역설했다.

"부처님이 세상에 오신 참뜻은 나와 이웃이 모두 부처

라는 사실을 알리기 위해서입니다. 절에 있는 부처님은 불상이며, 석가모니는 과거완료형이라 할 수 있어요. 이웃이 바로 살아 있는 부처예요. 이것을 아는 것이 불탄일에 연등 1백만 개를 켜는 것보다 나아요."[13]

* * *

스님은 자주 서울에 올라와 법련사에서 법문을 했습니다. 또한 법련사에서 발간하는 '불일회보'에 관여하면서 주기적으로 글을 발표했습니다. 이때 조카뻘인 현장 스님이 그를 자주 뵐 수 있었지요. 현장 스님은 법정 스님에게서 여전히 뜨거운 민주화의 열망을 엿보았습니다. 민주화 운동으로 구류를 살기도 했던 스님은 산속으로 들어갔어도 늘 감시를 받아왔습니다. 그런 스님은 민주주의의 염원을 담은 시를 남몰래 써왔습니다.[14] 스님의 현실 비판 정신은 불교의 언어로 계속해서 이어졌습니다. 스님은 말합니다.

나의 이웃이 바로 부처이며 예수님이며 친주님입니다.

이 모두 하나의 뿌리에서 갈라져 나온 여러 가지들이지요. 불교를 배우는 것은 자기 자신을 배우는 것이며, 자기를 배우는 것은 자신을 텅 비우는 일이에요. 그래야 모든 사물과 하나가 될 수 있어요. 개체인 내가 전체로 확산되는 것이지요.[15]

부처, 곧 깨달음은 멀리 있는 게 아닙니다. 내가 본래 부처이듯 이웃 또한 부처임을 알아야 합니다. 여기에서 이웃에 대한 자비가 생겨납니다. 부처를 공경하는 마음으로 이웃을 존중하고 또 이웃에게 베풀어야 합니다.

톨스토이의 단편 「사랑이 있는 곳에 신이 있다」의 구두 수선공 노인 마틴은 예수를 기다리지만 예수는 끝내 나타나지 않습니다. 정작 청소부, 아기를 안은 아주머니, 도둑질하는 아이로 나타났지요. 그러나 구두 수선공은 예수를 알아본 거나 다름없습니다. 그들을 따스하게 대해주었기 때문입니다.

불일암을
찾은
이해인 수녀

"스님, 사람들의 지나친 관심 때문에 너무 힘듭니다."

클라우디아 이해인 수녀님이 광주 베토벤의 여 사장님과 함께 불일암을 찾아왔다.[16] 밖에서 몇 차례 만난 적은 있었지만 수녀님이 그를 찾아 산길을 올라온 건 처음이었다. 법정이 차를 대접했다.

수녀님은 차를 마시는 도중에도 내내 마음이 편하지 않은 듯했다.

"차를 마실 때는 오로지 차에만 마음을 집중하세요."

수녀님이 길게 한숨을 내쉬면서 차를 입에 가져갔다. 법정은 수녀님의 마음고생을 헤아리고도 남았다. 수녀님은 유명세를 톡톡히 치르는 셈이었다. 법정 자신도 『영혼의 모음』, 『무소유』 등이 널리 알려지면서 세간의 관심에 적지 않은 곤욕을 치렀다. 수행은 결국 혼자 해나가야 하며 해답은 각자 자신에게 있건만, 사람들은 무턱대고 그를 찾아왔다. 내면의 답을 놔두고, 그 답을 일러준 사람을 찾아온 꼴이었다. 지금 수녀님이 겪는 난처함과 곤혹스러움도 그 자신의 것과 같을 터였다.

"저는 다만 신앙 고백 차원에서 시를 썼고, 이를 묶어낼 뿐이었어요. 다행히 시집이 많이 알려져서 포교하는 데 큰 기여를 할 수 있겠다고 생각했지요. 그런데 내 시집에 대한 세상의 반응이 상상을 초월했습니다. 시집 세 권이 연달아 베스트셀러가 되면서 신문 일고여덟 군데에서 내 기사가 나오는가 하면, 어느 날엔가는 모 신문사의 상까지 수상하게 되었어요. 전 하나도 기쁘지 않았답니다. 너무나 과분한 대접이라고 봅니다."

수녀님이 법정을 바라보면서 말을 이어갔다.

"한번은 저를 인터뷰하려고 여러 사람이 수녀원 담을 넘어오기도 했어요. 상황이 이렇게까지 되다 보니 저로 인해 수녀원에 피해가 생기게 되었습니다. 저 또한 고요한 수행을 이어가기가 여간 힘든 게 아닙니다. 잡념이 많아지면서 신실함을 유지하기가 어려워요."[17]

법정이 희미한 미소를 지었다.

"저 또한 마찬가지예요. 혹자는 저에게 책으로 돈 많이 벌어서 어디다 쓰느냐고 묻기도 합니다. 그런 물음에 마음이 편하지 않습니다. 제가 알기로는 수녀님의 인세는 수녀원에서 관리하지 않습니까? 그렇게 해서 여러 분들을 위해 좋은 곳에 쓰이겠지요. 저 또한 수녀님과 비슷하다고 말씀드리고 싶습니다. 그래서 사람들에게 일일이 설명할 필요도 못 느끼고요. 사람들이 관심을 갖고 늘 찾아오는 건 어쩔 수 없다고 봅니다. 많은 분이 책에 감동을 받았기 때문이니까요. 이는 책을 쓰는 수행자에게 따르는 업이라고 봅니다. 우리가 세간의 관심으로 많이 시달리면 시달릴수록 그만큼 이 세상에 좋은 향기가 많이 퍼지고 있다는 걸 아셔야죠. 더더욱 자신을 잘 단속하면서 수도 생활을 정진해야 합니다."

* * *

스님과 이해인 수녀님은 편지를 많이 주고받았습니다.

이해인 수녀님이 스님의 「영혼의 모음—어린 왕자에게 보내는 편지」가 마음에 든다고 편지를 보내자, 스님은 어린 왕자 촌수로 수녀님과 자신은 친구라는 답을 했습니다. 스님은 수녀님이 힘들어하고 괴로워할 때 정갈한 한지에 편지를 써서 보내 위로하고 격려해주었지요. 스님은 말합니다.

> 사람의, 더구나 수도자의 모든 일이 순조롭게 풀리기만 한다면 자기도취에 빠지기 쉬울 것입니다. 그러나 다행히도 어떤 역경에 처했을 때 우리는 보다 높은 뜻을 찾지 않을 수 없게 됩니다. 그 힘든 일들이 내게 어떤 의미가 있는가를 알아차릴 수만 있다면 주님은 항시 우리와 함께 계시게 됩니다. 그러니 너무 자책하지 말고 그럴수록 더욱 목소리 속의 목소리로 기도드리시기 바랍니다.[18]

옥에도 티가 있듯이 좋은 일에는 탈이 적지 않습니다. 우리네 삶은 항상 좋은 일만이 넘쳐나지 않습니다. 불행한 시절이 영원하지 않듯이 행복한 시절도 지속되지 않습니다. 좋은 일과 행복에는 그만한 대가가 요구되지 않을까요? 정신적으로 튼튼한 재무장 말입니다. 이를 게을리하면 머지않아 탈이 생기고 불행에 빠지게 됩니다. 행복에 뒤따르는 탈을 자기 점검과 자기 극복의 계기로 삼아야 하겠지요.

비구니가
된
수녀

불일암에 한 여성이 찾아왔다. 그녀는 누군가의 소개를 받지 않고 무작정 혼자 법정을 찾아왔다. 눈빛에 절박함이 배어 있었다. 법정은 함께 차를 마시며 이야기를 나누었다.

"특별히 저를 찾아오신 이유가 있습니까?"

그녀가 말했다.

"저는 원래 수녀였는데 스님 책을 많이 읽었어요. 스님 책은 수녀님들 사이에서 인기가 많습니다. 저는 7년 정도 수녀를 살아왔지만 막상 종신서원을 하려니 엄두가 나지 않았어요. 이 길이 정말 나에게 맞는 걸까 하고 고민한 끝에 결국 '아니요'라는 답을 얻었어요."

수녀의 말에 귀 기울이던 그가 물었다.

"그럼 수녀를 그만두신 건가요?"

"네."

"앞으로 특별한 계획이라도 있습니까?"

그녀는 겸연쩍게 미소를 지었다.

"진로를 정하고자 스님을 찾아온 거예요. 스님이야말로 저에게 맞는 수행의 길을 안내해주실 수 있다고 생각했습니다."

그는 당황스럽기도 했지만 한편으로는 수행에 뜻을 둔 도반을 만난 듯 반가웠다. 간혹 일반인이 출가에 뜻을 두고 찾아오는 일이 있었지만, 수녀였던 분이 찾아온 건 처음이었다. 잠깐의 대화를 통해 구도자로서의 갈망을 읽을 수 있었다. 타고난 업인 듯했다.

그녀는 대학 시절 광적으로 문학, 음악, 영화, 여행에 탐닉했다. 거기에서 내면의 갈증을 충족하지 못하여 평범한 여성의 삶을 포기하고 수녀의 길을 걸어갔다. 하지만 수도원에서도 그녀의 갈증이 완전히 채워지지 못했다.

법정은 그녀에게서 오래전 출가할 때의 자신을 떠올렸

다. 삶과 죽음을 넘어선 길을 나설 때의 그는 바로 이 여성과 다를 바 없었다. 그녀 또한 이 세상의 구별과 집착을 넘어선 영원의 길을 구하고 있었다.

그는 그 자리에서 편지를 쓰고 나서 한 곳을 소개해주었다.

"조계종 비구니 특별 선원 석남사라는 곳이 있어요. 수녀님에게 잘 맞을 듯합니다. 이 편지를 들고 찾아가 보세요."

이후 그녀는 그곳에서 행자 생활을 하고 나서 승가대학을 마치고 비구니가 되었다. 훗날 법정은 그녀를 조우했을 때, "뒤돌아보지 말고, 앞으로 달리세요"라고 격려했다. 그녀는 오랜 수행과 공부 끝에 한국에서 희귀한 『빠알리 경전』을 냈다. 부처님 말씀이 담긴 초기 경전이었다.[19]

* * *

스님에게 출가의 뜻을 품고 찾아온 분이 적지 않습니다. 이 가운데 수녀였던 신분으로 찾아왔던 분은 일아 스님입니다. 일아 스님은 빠알리 초기 경전을 여러 권 내놓으면서 부처님의 생생한 육성을 온전히 전하는 데 주력하고 있습니다. 스님이 다래헌에 머물 때도 누군가 찾아와 출가를 희망했는데 그에게 송광사 노스님을 소개해주었고, 훗날 스님이 된 그와 편지를 주고받았습니다. 스님은 말합니다.

> 출가 수행자에게는 내일이 없어야 합니다. 그 '내일' 때문에 얼마나 많은 세월을 미루면서 허송해왔는지 내 자신도 이따금 후회합니다. 늘 '지금 이 자리에서 이렇게' 살아야 합니다. 그리고 꽃처럼 날마다 새롭게 피어나야 합니다. 가난과 고요와 평안과 정진이 수행자의 몫이 되어야 합니다.[20]

"오늘이 아니라도 내일이 있어." 이렇게 살고 있지 않습니까? 이렇게 살다 보면 소중한 오늘이 무수히 소모될 수밖에 없습니다. 하루하루 최선을 다해 살기 위해서는 '내일'이 없어야 합니다. 마라토너처럼 지금 한 발 한 발 내딛는 것에 모든 걸 집중하고 최선을 다해야 합니다. 마라토너에게 '1분 뒤', '5분 뒤'는 망상이며 잡념일 뿐입니다.

고대 그리스의 비극 시인 소포클레스는 말합니다.

내가 헛되이 보낸 오늘은 어제 죽은 이들이 그토록 바라던 내일이다.

'베토벤'을 통한 무주상보시

불일암에서 광주로 온 법정이 음악 감상실 베토벤을 찾았다. 그곳에서 사람들을 만나 대화를 나누어왔다. 그날, 약속했던 사람들과의 만남이 끝나고 혼자 남아 바로크 음악의 선율에 잠시 빠져 있었다. 그가 지그시 감았던 눈을 뜨고 차를 입에 가져가려고 할 때였다. 까까머리 고등학생이 앞자리로 오더니 흥분이 가시지 않은 채로 말했다.

"저는 상담 선생님의 추천으로 스님의 『산방한담』을 읽었습니다. 그 책을 읽고 나서 스님을 꼭 한번 뵈었으면 했는데, 여기서 만날 줄은 꿈에도 생각하지 못했어요."

그가 자상한 미소를 띠웠다.

"고등학생이 내 책을 다 읽다니 기특하구나. 게다가 고전음악도 좋아하나 보구나."

고등학생은 쭈뼛쭈뼛하며 더 이상 말을 꺼내지 못했다. 편하게 무슨 말이든 해보라고 하자, 고등학생이 용기를 내 말했다.

"스님, 전 군인도 되고 싶고 교수도 되고 싶은데, 뭐가 될지 잘 모르겠어요."

"허허, 당돌하구나. 무엇이 될 것이냐가 아니라 어떻게 살 것이냐를 생각하면 답을 찾을 수 있을 거다."

이후 고등학생과 스님의 교유가 이어졌다. 고등학생은 할머니 밑에서 자라 고학 중이었고 가톨릭 신자였다. 한번은 그가 세례를 받은 날 교통사고가 나서 병원에 입원했다가, 퇴원하자마자 불일암을 찾았다. 그리고 항변하듯이 주님이 나를 보살펴줘야 하는 게 아니냐고 했다. 이에 대해 법정이 말했다.

"천주님은 그런 아픔을 통해 네가 더 성숙해지길 바라는 거야. 더 큰 시련이 와도 이겨낼 수 있는 힘을 주신 거지."

이 고등학생은 조선대 법대에 진학했다. 이때 등록금을 마련하지 못해 고민하던 그는 불일암을 찾아가 사정을 이야기했다. 법정이 대수롭지 않은 듯이 말했다.

"베토벤에 등록금 고지서를 맡겨놓거라."

법정은 그가 대학을 졸업할 때까지 죽 등록금을 내주었다. 이뿐 아니라 그가 추천한, 처지가 어려운 학생 3명에게도 졸업할 때까지 등록금을 내주었다. 이 일은 법정과 그 말고는 아무도 모르는 일이었다. 드러내지 않고 선행을 하는 무주상보시(無住相布施)를 실천한 것이다.

훗날 그는 교수가 되어 법정과 조우했다. 시민 모임 '맑고 향기롭게' 광주 지부 발족식이 있던 날이다. 그가 교수 명함을 내밀자 법정이 흐뭇한 미소를 지었다.[21] 현재 그와 함께 법정의 '장학금'을 받은 학생들은 '맑고 향기롭게' 회원이 되어 후원금을 보태고 있다.

* * *

스님은 베토벤을 통해 어려운 처지의 학생들에게 아무도 몰래 장학금을 주었습니다. 스님 자신이 어려운 형편으로 대학을 중도에 포기해야 했기에, 고학하는 학생들의 입장을 누구보다 잘 알고 있었습니다. 스님의 장학금은 스님이 입적하신 후에야 알려졌습니다. 당사자가 입을 열지 않았더라면 영영 잊힐 뻔했지요. 스님의 무주상보시가 어디 이뿐일까요? 스님은 말합니다.

> 흔히 베푼다는 표현을 쓰고 있는데 그것은 잘못된 말인 것 같다. 원천적으로 자기 것이란 있을 수 없으므로 나누어 가지는 것이다. 이 우주의 선물을, 우리에게 잠시 맡겨진 그 선물을 함께 나누어 가지는 것이지, 결코 베푸는 것이 아님을 우리는 알아야 한다. 이 세상에 나올 때 누가 가지고 나온 사람 있던가? 또한 살 만큼 살다가 인연이 다해 이 세상을 하직할 때, 자기 것이라고 해서 무어 하나 가지고 가는 사람을 보았는가?[22]

스님은 본래 자기 것이 없으므로 나누어 가져야 한다고 말합니다. 베풂이라는 말도 옳지 않다고 합니다. 이 때문에 스님에게는 무주상보시가 너무나 당연합니다. 잠시 자신에게 맡겨진 선물을 필요한 사람에게 나누어주는 게 마땅하겠지요. 또한 나누어줬다고 드러낼 이유가 없습니다. 내 것이 우주에서 잠시 맡겨진 선물이라고 생각해보세요. 저절로 얼굴 없는 천사가 될 수 있습니다.

어머니에게
차려드린
점심 식사

새로 밥을 하고 국을 끓였다. 혼자 숲 속에서 생활하면서 하루 한 끼로 지내왔던 그였다. 예기치 않게 자신을 찾아온 어머니를 위해 점심을 준비했다. 어머니가 숲 속의 불일암으로 찾아오리라고는 상상도 못 했다. 법정은 속세와의 연을 끊고 출가자로서 30여 년 살아오고 있었다.

  어머니는 고모네 딸과 함께 이곳을 찾아왔다. 어머니의 얼굴을 보는 순간, 눈물이 날 것만 같았다. 차마 부모와 자식의 정은 끊으려야 끊을 수 없었다. 그는 어머니와 그간의 이야기를 나누고 나서, 점심을 차려드리겠노라 말했다.

  "먼 길을 오시느라 시장하시죠? 잠깐만 기다리세요."

이윽고 조촐한 음식상이 펼쳐졌다. 수많은 나날, 그 자신을 위해 어머니는 따뜻한 밥상을 차려주었다. 어머니는 아무런 대가를 바라지 않고 자식을 위해 베풀었다. 그런 어머니를 모질게 뿌리치고 그는 수행자의 길을 나섰다. 오늘, 어머니를 위해 처음으로 손수 음식을 차려드렸다.

어머니가 몇 숟갈 뜨고는 말했다.

"음식 솜씨 좋네. 언제 이런 걸 다 배웠어?"

그가 눈웃음을 지었다. 그는 스님이기 전에 한 어머니의 자식이었다. 어머니는 그런 아들이 못내 가여웠다. 잠시 후, 어머니는 함께 온 고모 딸과 조촐한 식사를 마쳤다. 그러고는 차를 마시며 긴긴 이야기보따리를 풀어놓았다. 시간이 흐르면서 어머니는 깨달았다. 아들은 스님이 될 수밖에 없는 운명이고, 당신은 그 아들의 운명에서 비켜서서 합장할 수밖에 없음을.

눈 깜짝할 사이에 헤어져야 할 시간이 되었다. 그는 불일암 근처의 개울까지 어머니를 배웅했다. 비가 온 탓에 개울물이 불어나자 어머니를 업고 징검다리를 건너갔다. 어머니는 바짝 마른 솔잎 단처럼 가벼웠다. 텅 빈 허공과 점차 가까워져 가는 것만 같았다. 그 자신은 수십 년간 텅

빈 허공 속에서 충만함을 추구해왔다. 가슴이 저려왔다.

* * *

스님은 출가 후에 어머니를 세 번 만납니다. 첫 번째는 모교인 대학교에 강의하러 갔을 때입니다. 이때 어머니는 스님에게 지폐 몇 장을 쥐여줬는데, 스님은 이 돈을 어머니 이름으로 불사에 시주했습니다. 두 번째는 어머니가 불일암을 찾아왔을 때입니다. 세 번째는 어머니가 몸져누웠을 때인데, 이것이 마지막 상봉이 되었습니다. 스님은 말합니다.

> 나는 친어머니에게는 자식으로서 효행을 못했기 때문에 어머니들이 모이는 집회가 있을 때면 어머니를 대하는 심정으로 그 모임에 나간다. 길상회에 나로서는 파격적일 만큼 4년 남짓 꾸준히 나간 것도 어머니에 대한 불효를 보상하기 위해서인지 모르겠다.[23]

부모님은 내 생의 뿌리입니다. 그 뿌리에서 나라는 열매가 맺혔습니다. 부모님이 내게 준 가장 큰 선물이 무엇일까요? 튼튼한 몸, 잘생긴 얼굴, 똑똑한 머리보다 상상할 수 없을 정도로 가치 있는 것입니다. 바로 이 찬란한 세상입니다. 부모님은 내게 숨 쉬고 살아가는 이 멋진 세상을 선물해주었습니다.

〈산행〉의 명상 음악가

"산행을 자주 해야 자연과 대화를 할 수 있네."

이 말을 남기고 뒤돌아보지 않고 불일암으로 올라갔다. 나비처럼 가벼운 발걸음으로 훨훨 나는 듯이 걸어갔다. 그 자신의 앞과 뒤에 어떤 기약도 집착도 없는 듯 걸어나갔다. 법정은 순간순간을 걸어나갔다.

그 모습을 명상 음악가이자 대금 연주가 김영동이 지켜보았다. 송광사 앞에서 헤어진 그는 망연히 숲 속으로 사라지는 그를 도취한 듯 바라보았다. 그의 귓가에는 산새 울음도, 개울물 소리도 다 그쳤다. 사뿐사뿐 걸어가는 걸음 하나하나가 선율이 되어 그의 귓가에 맴돌았다.

그가 처음 법정을 찾은 것은 1988년이었다. 온 나라가 올림픽으로 떠들썩할 때 내면의 허기로 인해 송광사에 있다는 법정을 찾아왔다. 막상 송광사를 찾았을 때 법정은 출타 중이었다. 그날 사찰에 하루 묵었는데, 이때 새벽 예불에 감동해 눈물을 흘렸다. 오랫동안 찾아왔던 우리 소리의 맥을 마주친 느낌이었다. 그는 대금 연주자로서 종족음악학(種族音樂學 세계 여러 문화권 음악의 체계와 민속음악의 연구) 공부를 위해 몇 년간 독일 유학을 하고 귀국한 상태였다.

이런 계기로 나중에 두 달에 걸쳐 예불 소리를 녹음하고자 송광사를 다시 찾았다. 그는 예불 소리를 녹음하는 과정에서 법정을 만날 수 있었다. 그는 법정과 함께 불일암으로 올라갔고, 그곳에서 많은 이야기를 나누었다. 명상 음악가가 말했다.

"저는 집안이 찢어지게 가난해 국악의 길을 걷게 되었습니다. 학비는 물론 차비까지도 장학금을 받아서 겨우 중·고등학교를 마쳤어요. 대학에서는 대금을 전공했습니다."

이후 그는 1980년대 문화운동가로 활동하는 과정에서 우리 전통 음악을 본격적으로 연구하기 시작했다고 한다. 사회 운동을 위한 음악 말고 그 자체로 완전한 작품으로서의 음악을 만들겠다는 뜻을 품게 되었다는 것이다. 계속해서 그가 말했다.

"사찰에 머무는 계기로 불교 음악의 가치를 새로이 알게 되었습니다. 미사 음악이 서양 음악의 중요한 뿌리이듯, 불교 음악은 세계에 내놓을 수 있는 우리 전통 음악임이 분명합니다. 부족하나마 불교 음악을 현대화하여 대중에게 알릴 수 있도록 기여하겠습니다."

그날은 예불 녹음 작업이 모두 끝나는 날이었다. 법정이 송광사에 내려와 있었기에 그와 마지막 인사를 나눌 수 있었다. 훗날, 법정의 산행을 지켜보던 대금 연주가는 〈산행〉이라는 명상 음악을 내놓았다. 〈산행〉에는 법정의 탈속과 무소유의 숨결이 오롯이 담겨 있었다.

대금 연주가가 말했다.

"나의 음악 중에 〈산행〉이란 음악은 그 후 명상 음악으로 발표되었다. 스님의 발걸음에서 악상이 떠올랐고, 그 리듬과 멜로디에 산행하는 나의 모습을 그려보았던 것이다. 그 음악을 듣고 좋아하는 사람들에게 이제야 나의 음악 이야기를 하게 된 것 같다. 지금도 한 마리 나비처럼 사뿔히 산행하시는 스님의 모습이 떠오른다."[24]

* * *

스님은 많은 시간 우리 산하를 걸었습니다. 산행하는 스님은 명상 음악 〈산행〉을 통해 언제든 우리 곁으로 찾아올 수 있습니다. 홀로 〈산행〉을 틀고 눈을 감아보세요. 스님이 걸어가는 모습이 아련히 떠오를 것입니다. 스님은 말합니다.

> 순례자란 무엇보다 먼저 발로 걷는 사람, 나그네를 뜻한다. 순례는 사람의 마음을 가난하고 단순하게 하고 불필요한 군더더기를 털어낸다.[25]

걷기가 붐입니다. 걷기를 통해 영혼의 순례를 하면 어떨까요? 내면과 부단히 속삭이면서 길고 긴 산길을 걷는 동안 누구나 순례자로 거듭날 수 있습니다. 일상의 답답한 굴레에서 벗어나 산길을 걷노라면 비로소 자연의 품을 느낄 수 있고, 또한 자신과 동행하는 영혼을 만나게 됩니다. 프랑스 사회학자 다비드 르 브르통은 『느리게 걷는 즐거움』에서 말합니다.

> 걷는 것은 자신의 길을 되찾는 일이다. 돌연히 빠른 속도로 앞으로 나아가는 방법이다. 질병과 슬픔을 이기고 앞으로 나아가면서 자신에게 작별 인사를 하고 다른 사람이 되고자 하는 의지이다. 처음 걷는 몇 시간은 걱정거리가 줄어들고, 깊이 생각하는 경향이 적은 사색으로부터 해방된다. 그리고 사물에 대한 시야가 넓어지는 듯한 공간으로 들어서면서 어떤 해결책을 모색하려는 욕구가 강해진다. 걷기는 잠시 바깥에서 오는 모든 유혹을 잘라내어 자신의 재정복을 구축하기 위한 재활성화이자 내적인 은신처이다.[26]

동화 작가
정채봉과의
인연

이른 아침, 누군가 불일암에 찾아왔다. 나가보니 정채봉이었다. 그는 법정이 '산중한담' 칼럼을 발표하는 월간지 『샘터』의 편집장이었다. 아무런 약속 없는 방문이었다. 그의 눈빛에는 죄송스러움이 가득했다. 그가 법정에게 다가가 말했다.

"이번 글은 전적으로 제 책임입니다. 다신 그런 일이 없도록 하겠으니 한 번만 너그러이 용서해주십시오."

그는 두 손을 모아 법정의 소매를 붙잡았다.

간밤의 일이다. 법정이 송광사에 내려가 전화를 했다. 『샘터』에 실린 자신의 글이 문제였다. 그가 단호하게 말했다.

"칼럼 하나에 오자가 이렇게 많이 나와서야 되겠어요? 이건 독자에게 실례를 범하는 일입니다. 아무리 월간지라 하지만 시간에 쫓겨 이렇게 성의 없이 책을 내면 안 되죠. 『샘터』의 얼굴에 먹칠하는 짓이나 다름없어요."

그러고는 앞으로 원고를 보내지 않겠다고 말하고 전화를 내려놓았다.

그런 다음 날 느닷없이 정채봉이 깊은 산속에 나타난 것이다. 그는 몸으로 직접 사죄를 표했다. 그와는 초면이 아니었다. 다래헌에 있을 때 원고를 받으러 자주 찾아왔었다. 그는 동화 작가여서 자신의 글을 착오 없이 잡지에 실을 역량이 있었다. 그런 그가 직접 찾아오니 불편한 감정이 눈처럼 녹아 사라졌다.

"편집장님이 먼 길을 한걸음에 달려온 걸 보니 이번 일은 피치 못할 실수라고 보이네요. 누구나 부지불식간에 과오를 저지를 수 있기 마련이죠. 편집장님을 직접 뵙게 되니 믿음이 생깁니다."

법정이 그에게 식사했느냐고 묻자 아직 못 했다는 답이 돌아왔다. 법정은 그와 함께 부엌으로 가서 간소한 식사를 했다. 이후 이 인연으로 법정과 정채봉의 우정이 이어졌다. 어느 해에 정채봉이 그에게 소포와 함께 편지를 보내왔다. 법정은 편지글을 오래도록 잊지 못했다.

> 제가 첫 월급을 타던 날 누군가 곁에서, 어머님 내복을 사드리라고 하였습니다. 그러나 저한테는 내의를 사드릴 어머님도, 할머님도 계시지 않았습니다. 그것은 울음으로도 풀 수 없는 외로움이었습니다.
> 스님의 생신에 (제가 잘못 알고 있을지도 모릅니다) 무엇을 살까 생각하다가 내의를 사게 된 것은 언젠가 그 울음으로도 풀 수 없는 외로움이 생각났기 때문입니다. 제 마음을 짚어주시리라 믿습니다
> 스님께서는 제 혼의 양식을 대주신 분이기도 하니까요. 다시 한 번 축하 올립니다, 스님!
> - 정채봉 올림

* * *

스님과 정채봉 작가의 인연은 20여 년 이어졌습니다. 스님처럼 정채봉 작가 또한 할머니의 손에서 자라났습니

다. 스님은 자주 그에게 편지를 보냈습니다. "입안에 말이 적고 배 속에 밥이 적어야 한다.", "술을 절제하여 마시고, 욕심을 힘껏 누르는 것이 마땅하다." 이렇듯 애정 어린 조언을 많이 했지요. 스님은 정채봉 작가가 마지막 가는 길을 지켜주었습니다. 스님은 말합니다.

> 한평생 외롭게 살아온 그가 그의 문학과 정서를 길러준 고향의 흙과 바람, 할머니와 어머니 곁에서 쉬게 된 것은 그나마 다행으로 여기고 싶다. 이다음 생에는 부디 덜 외로운 집안에서 태어나 튼튼한 몸으로 이생에 못다한 일을 두루 이루기를 바라면서 명복을 빈다.[27]

사람과의 인연은 반드시 좋은 일로만 맺어지지 않습니다. 때때로 좋지 않은 일로 두 사람의 우정이 싹틉니다. 지금 불편한 관계를 맺는 사람이 있습니까? 자신에게 해를 끼치는 사람이 있습니까? 스님과 정채봉 작가를 기억하세요. 서로에 대한 배려, 서로를 위한 정성이 있다면 악연이 선연으로 바뀌는 것은 시간문제입니다.

돌려준
오디오

여수의 한 지인 집에 들렀을 때였다. 마루에 낯익은 오디오 한 대가 보였다. 얼마 전까지만 해도 불일암에 있었던 물건이다. 그 집 바깥어른이 음악을 좋아하는 그에게 선물한 것이다. 법정은 한동안 오디오를 통해 베토벤이며 바흐의 음악을 즐겨 들었다.

그러던 어느 날이다. 그가 시봉하는 스님에게 말했다.

"이 오디오를 전에 선물했던 분에게 돌려주거라."

이렇게 해서 그 오디오가 지금의 마루에 놓여 있게 되었다. 그는 잠깐 음악을 소유했다면 소유했지, 결코 오디오를 소유하지는 않았다. 한동안 음악을 들은 후 미련 없이 오디오를 돌려주었다. 실은 지인에게 미리 약속했었다.

"딱 1년만 듣고 돌려드리겠소."

그는 물건에 대한 집착이 없었다. 수많은 물건이 잠시 그의 곁에 머물다가 또 다른 사람의 곁으로 갔다. 잠깐 머문 물건에 대한 소유욕이 전혀 없었다. 그는 어떤 물건에 대해도 '내 것'이라는 생각을 가져보지 않았다. 이 때문에 언제든지 마음이 내키는 즉시 다른 사람에게 줘버렸다.

"이것을 송광사에 맨 처음 온 분에게 드리거라."

그가 즐겨 듣던 고전음악 음반도 마찬가지였다. 다른 사람에게 훌훌 줘버렸다. 빈손으로 태어났듯이, 살아가는 동안 그렇게 살아갔다. 그게 너무나 자연스러웠다. 어떤 물건을 가진다는 건 투명한 샘물에 이물질이 섞여드는 것과 매한가지였다. 그는 깊은 산속의 오롯한 샘물, 그 자체였다.

* * *

스님은 몹시 음악을 아꼈습니다. 음악이 없으면 감성에 녹이 슬 정도였습니다. 스님은 두어 차례 오디오를 마련해서 음악을 듣다가 누군가에게 줘버렸습니다. 스님이 베토벤이나 모차르트 또는 바흐의 음악을 들으면서 좋아한 것은 그 작곡가의 감성과 자신의 감성이 일치하기 때문이었지요.[28] 스님은 말합니다.

> 이제 내 귀는 대숲을 스쳐오는 바람 소리 속에서, 맑게 흐르는 산골의 시냇물에서, 혹은 숲에서 우짖는 새소리에서 비발디나 바흐의 가락보다 더 그윽한 음악을 들을 수 있다. 빈방에 홀로 앉아 있으면 모든 것이 넉넉하고 충분하다. 텅 비어 있기 때문에 오히려 가득 찼을 때보다 더 충만하다.[29]

물건을 하나라도 더 가져야만 직성이 풀리는 세상입니다. 하지만 소유하면 할수록 더 허기가 심해지지 않습니까? 물건으로는 우리 내면의 허기를 결코 채울 수 없습니다. 물건은 잠깐 허기를 가려줄 뿐입니다. 중요한 건 물건에 휘둘리지 않는 마음가짐입니다. 홀로 자연과 하나가 된 충만감을 가져보세요. 그 텅 빈 충만감이 물건에 대한 소유욕을 지워내 버립니다.

산중에 사는 게
사회학적으로
어떤 의미가 있습니까?

🍃

'빛의 화가' 방혜자 재불(在佛) 화가가 일행을 데리고 불일암을 방문했다. 화가와 함께 온 스위스 철학자가 있었다. 그는 이국의 불교문화에 흥미로운 관심을 표해 이것저것 물어왔다. 법정과 그는 후박나무 아래에서 여러 가지 화제로 이야기꽃을 피웠다.

그러던 중에 철학자가 그에게 물었다.

"스님이 홀로 이런 산중에 사는 게 사회학적으로 어떤 의미가 있습니까?"

법정이 미소를 지으며 대답했다.

"내가 산중에 사는 일이 사회학적으로 어떤 의미를 지

니는지 아직까지 한 번도 생각해본 적이 없습니다. 나는 어떤 틀에도 갇힘 없이 그저 내 식대로 살고 싶을 뿐입니다. 그런데 이따금 지나가는 사람들이 내가 사는 모습을 보고 좋아하는 걸 보면 이렇게 살아도 괜찮은 모양이구나 하는 생각을 하게 됩니다."[30]

* * *

스님은 10여 년 전에 방혜자 화가를 불일암에 일주일간 머물게 한 적이 있습니다. 불쌍한 동포라면서 직접 밥을 해주고 가족처럼 따뜻하게 대해주었습니다. 그 화가가 철학자와 함께 다시 방문했습니다. 스님은 철학자의 질문에 마치 선문답처럼 말합니다. 이 말의 이면에는 깊은 뜻이 있습니다.

스님이 "어떤 틀에도 갇힘 없이 그저 내 식대로" 산다는 건 결국 '무소유의 삶'을 뜻합니다. 스님은 전혀 무소유를 말하지 않으면서도 무소유를 말하고 있습니다. 무소유라는 말조차 소유하지 않는 경지가 아닐까요? 스님은 홀로 산중에 사는 생활로써 무소유를 실천하고, 따라서 이웃의 시기심, 질투와 대립으로부터 멀리멀리 떨어지게 됩니다.

스님은 말합니다.

> 우리가 무엇인가를 갖는다는 것은 한편 소유를 당하는 것이며, 그만큼 부자유해지는 것이다. 우리가 무엇인가를 가질 때 우리들의 정신은 그만큼 부담스러우며 이웃에게 시기심과 질투와 대립을 불러일으킨다.[31]

사회에서 살다 보면 불가피하게 무언가를 소유하기 마련입니다. 온갖 물건부터 금전, 명예와 권력, 게다가 사람을 소유하게 됩니다. 몇몇은 죽은 이후에도 소유욕을 드러냅니다. 꼭 필요한 소유가 왜 없겠습니까? 우리 사회에는 불필요한 소유가 많아지고 있어서 문제입니다. 소유에 대한 집착으로 고통스러울 때, 산중에서 홀로 살았던 스님을 기억해보세요.

원고료입니다, 거들고 싶습니다

1991년 봄에 원불교 박청수 교무가 불일암을 방문했다. 박 교무는 전 세계에 학교와 병원을 세우면서 무지와 가난, 질병을 퇴치하는 데 앞장서 왔다. 주머니 사정보다는 남을 돕겠다는 의지로 선행을 베풀어왔던 박 교무는 '한국의 마더 테레사'로 불렸다. 박 교무는 법정이 매화꽃 향기가 번질 즈음 다녀가시라는 편지에 이곳을 찾았다.

박청수 교무는 수류화개실에서 차를 마시며 법정과 많은 대화를 나누었다. 이때 그곳 벽에 걸린 글귀가 가슴에 와 닿았다.

> 마르지 않는 산 밑의 우물
> 산중 친구들에게 공양하오니
> 표주박 하나씩 가지고 와서
> 저마다 둥근 달 건져가소서

이 만남으로 박 교무는 법정이 친근하게 여겨졌다. 박 교무는 자신의 선행에 법정이 동참할 거라는 확신이 들었다. 얼마 후, 법정에게 연락해 딱한 처지를 말했다.

"히말라야 설산에 학교를 세우고 있습니다. 적지 않은 비용이 들다 보니 스님께 도움을 요청드리게 됐습니다."

그가 편지로 흔쾌히 함께하고 싶다고 답했다. 그러곤 직접 원불교 강남교당을 찾아서 선뜻 기부금 100만 원을 내놓았다.

"원고료입니다. 거들고 싶습니다."

이 외에도 법정은 박 교무가 힘들어할 때 조언을 아끼지 않았다.

"일을 하고 힘이 남아 있으면 되겠습니까? 큰일을 하면 힘든 게 당연합니다."[32]

* * *

스님은 박청수 교무가 '보살의 병'을 앓았다고 했습니다. 중생이 앓으면 함께 앓는 것이 자비와 보리심의 병입니다. 진정으로 부처를 지향하는 수행자의 길입니다. 박교무는 말합니다. "내 자신을 위해서지요. 딱한 사람들을 보고 모른 체하자니 가슴에 큰 짐으로 남아, 그 부담과 고통에서 벗어나려고 매번 소매를 걷어붙이고 나서게 돼요."[33] 스님은 말합니다.

> 박청수 교무님 하면 나는 문득 천수 천안 관세음보살을 연상한다. 불교 경전에 나오는 천수관음은 두 손과 두 눈으로는 모지리 천 개의 손과 천 개의 눈을 지니고 한량없고 끝없는 구제를 펼친다. 종교의 본질을 한마디로 표현한다면 따뜻한 가슴과 자비의 실천에 있다.[34]

'마더 테레사 효과'라는 말이 있습니다. 남에게 선행을 베풀거나, 또 그걸 보거나 책, 영화 등을 통해 간접적으로 접해도 인체 면역 기능이 크게 향상되는 걸 뜻하지요. 다들 눈물 짠한 경험을 간직하고 있을 겁니다. 참으로 선행은 엄청난 위력을 가진 행복 바이러스가 틀림없습니다. 우울하고 외롭고 지치십니까? 그러면 가까운 곳부터 남에게 나누고 베풀어보세요. 충만한 행복이 찾아옵니다.

칼릴 지브란은 『예언자』에서 '베풂'에 대해 말합니다.

> 그대들 가진 것을 베풀 때 그것은 베푸는 것이 아니다.
> 진실로 베푼다 함은 그대들 자신을 베푸는 것뿐.
> 그대들 가진 것이란 사실 무엇인가. 내일 혹 필요할까 두려워 간직하고 지키는 것 외에?
> 그래 내일, 하지만 성도로 가는 순례자들을 쫓으며 자취도 없는 모래 속에 뼈다귀를 묻어버리는 지나치게 조심스러운 개에게 내일이 무엇을 가져다줄 수 있을 것인가?
> 또 모자랄까 두려워함이란 무엇인가? 두려워함, 그것이 이미 모자람일 뿐.[35]

그런 데 가면
차 맛을
잊어버릴 거요

"남편은 향적이고, 아내는 산매화입니다."

법정이 불일암에서 한 부부에게 계(戒 승려나 재가신자 등 불교 신자가 지켜야 할 바른 행동의 규범)를 내렸다. 이계진 의원 부부였다. 이 부부는 송광사에 수련회를 갔다가 처음 법정을 뵈었고, 이후 서울 법련사에서 다시 조우했다. 법련사에서는 법정이 그를 반겼다.

"이번에 『샘터』에 실린 글을 봤는데 참 글이 맑더군요. 아나운서께서 글솜씨가 보통이 아닙니다."

이계진 의원은 평소 법정의 글을 좋아했다. 그래서 칭찬을 듣자 몹시 기뻤다. 이 일로 법정과 이 의원은 가까운 사이가 되었다. 법정은 그에게 "나눌 것이 없으면 다정한 눈매라도 나눌 수 있다"라는 자발적 가난을 강조했다. 또한 그가 중요한 진로를 결정할 때마다 조언자 역할을 했다. 그는 몇 차례 출마 제의를 고사한 끝에 17대 국회의원이 되었다.

훗날, 그는 법정이 입적하기 이틀 전에 외국 출장에서 돌아온 후 인형을 선물했다. 법정은 아이처럼 좋아했다. 그는 자신이 국회의원 출마 제의를 받았을 때 우회적으로 반대했던 법정의 말을 잊지 못했다.

"처사가 그런 데 가면 차 맛을 잊어버릴 거요."[36]

* * *

스님은 14, 15, 16대 총선 때 이계진 의원의 출마를 반대했습니다. 정치계에 발을 디디면 차 맛을 잊어버린다고 했습니다. 그런 스님이 17대 총선에서는 그에게 '시절인연'이 된다면 생각해보라고 기회를 주었습니다. 그런 끝에 이계진 의원이 금배지를 달게 되었습니다.

이계진 의원은 의원실 벽에 『벽암록』 경구를 붙여놓았습니다. '得之本有 失之本無(득지본유 실지본무, 얻었다 한들 원래 있었던 것, 잃었다 한들 원래 없었던 것)'. 이는 '차 맛'을 잊게 하는 혼탁한 정치판에서 늘 초심을 잃지 않겠다는 다짐이 었지요. 또한 권력욕과 명예욕에 휘둘리지 않고 국정에 임하겠다는 결의였습니다. 스님은 말합니다.

> 나라의 다스림을 국민들로부터 위임받은 정치권에서는 여·야를 물을 것 없이 목소리 큰 사람들이 곧 이 땅의 주인인 것처럼 착각하지 말아야 한다. 자신이 맡은 소임에 한결같이 성실하게 임하면서 묵묵히 살아가고 있는 수많은 선량한 서민들이야말로 이 땅의 진정한 주인임을 알아 달라는 말이다. 그들은 말이 없는 가운데 우리 사회와 시대를 지탱하며 만들어가는 소박하지만 건강한 사람들이다.[37]

차 맛을 잊지 않는다는 건 곧 초심을 간직한다는 말입니다. 무슨 일에서든 처음의 마음가짐을 일관되게 유지하는 게 중요합니다. 처음의 다짐이 무너지면 우리네 삶이 혼탁해지기 마련입니다. 처음의 마음가짐을 계속 갖는다면 우리네 삶은 청정해지겠지요. 이와 함께 예전 그대로 변함없는 차 맛을 간직할 수 있겠지요. 예전 그대로의 차 맛, 초심을 잊지 마세요.

5장

강원도 오두막 시절

강원도 화전민
오두막으로
떠나다

서울 법련사에서 법회를 마치고 서둘러 강원도로 향했다. 미리 지인을 통해 두메산골의 화전민 오두막을 구해놓았다. 조계산의 불일암에 들어온 지가 엊그제 같은데 어느새 17년이 되고 있었다. 어느 곳이든 한곳에 오래 머물면 안일과 구태가 머리를 내밀기 마련이었다. 이 때문에 법정은 과감히 결행에 옮겼다.

그는 10여 일 치의 양식만 달랑 짊어진 채 깊은 산골로 걸어갔다. 아직 산속은 겨울 찬 공기가 가득했다. 허연 입김을 내쉬며 걸으면서 생각했다.

'수행자는 흐르는 샘물처럼 늘 맑고 새로워져야 하는 법

이야.'

 아무에게도 알리지 않은 이사였다. 오랫동안 불일암에 머물면서 점차 그의 이름이 전국적으로 알려졌다. 수많은 신도와 일반인들이 무소유의 스님을 뵙고자 불일암에 찾아왔다. 사전에 알리고 찾는 경우도 있지만, 느닷없이 방문하는 사람들이 많았다. 그러자 청정한 수행을 하기 힘들어졌다. 사람 많은 도시에 거처하는 것과 진배없었다. 훌쩍 떠나기로 했다.

 이번 거처는 누구도 찾아올 수 없도록 아무에게도 알리지 않았다. 그가 머물 오두막에는 전기도 수도도 들어오지 않았다. 그는 최소한의 음식으로 연명하면서 모든 걸 두 손으로 해결해야 했다. 다래헌 시절 때부터 간직했던 작은 불상만 모셔왔고, 빠삐용 의자도, 또 후박나무, 향나무, 은행나무도 다 버리고 떠나왔다. 여기에다 자신을 찾아오는 사람들도 버렸고, 또 자신의 문명(文名)에 대한 집착도 버렸다.

 그는 홀로 깊은 산중에 빈손으로 들어왔다. 오두막 근처의 개울물 소리가 그를 반겼다. 이제, 비로소, 수십 년 전 출가할 때의 본래 자신으로 돌아갈 수 있었다. 그는 불상에 합장하면서 『선가귀감』의 한 구절을 떠올렸다.

> 출가하여 수행자가 되는 것이 어찌 작은 일이랴. 편하고 한가함을 구해서가 아니며, 따뜻이 입고 배불리 먹으려고 한 것도 아니며, 명예와 재물을 구해서도 아니다. 오로지 생사의 괴로움에서 벗어나려는 것이며, 번뇌를 끊으려는 것이고, 부처님의 지혜를 이으려는 것이며, 모순과 갈등의 수렁에서 벗어나 중생을 건지기 위해서다.

* * *

스님은 대문도 문패도 없는 화전민 오두막으로 훌쩍 떠났습니다. 이때는 스님의 문명이 매우 드높았습니다. 스님의 책을 통해 무소유의 삶을 접한 수많은 사람들이 스님을 직접 뵙기를 바랐습니다. 또한 1987년에 김영한 보살이 대원각을 사찰로 바꾸어줄 것을 바라면서 스님에게 기증의 뜻을 밝혀왔습니다. 스님은 그 모든 걸 버리고 떠났습니다. 스님은 말합니다.

> 나는 이 오두막에 와 살면서 내 자신을 만나고 되찾게

된 것을 무엇보다 고맙게 여긴다. 지나온 과거와 다가올 미래에 대한 짐을 벗어버리고, 오로지 지금 이 순간 속에서 사는 홀가분한 자유를 찾은 것이다. 이 순간에 있는 그대로 사는 사람한테는 사슬이 없다. 기억의 사슬도 없고 욕망의 사슬도 없다. 시냇물이 흐르듯 그저 담담하게 모든 것을 받아들일 뿐이다. 진정한 자유는 정신적인 데에 있다.[1]

고인 물은 썩지만, 흐르는 물은 늘 신선함을 유지합니다. 우리 삶도 마찬가지입니다. 늘 새로운 것을 생각하고, 또 새로운 일을 시도할 때 하루하루가 늘 새롭게 찾아옵니다. 콤플렉스, 상처, 후회, 트라우마에 사로잡히면 하루하루가 정체되어 썩게 됩니다. 낯선 곳에서 하루를 맞이한 여행자처럼 늘 설레는 가슴으로 아침을 열어보세요. 비로소 지금 이 순간의 자유를 만끽할 수 있습니다.

세계적인 영적 교사 에크하르트 톨레는 『지금 이 순간을 살아라』에서 말합니다.

어떠한 일도 과거 속에서 일어날 수는 없습니다. 과거의 일도 '지금' 속에서 일어난 것입니다. 어떠한 일도 미래 속에서 일어날 수는 없습니다. 미래의 일도 '지금' 속에서 일어날 것입니다.[2]

연못에
연꽃이
없더라

꽃에게 물어보라. 꽃이 무슨 종교의 예속물인가. 불교 경전에서 연꽃을 비유 드는 것은 어지럽고 흐린 세상에 살면서도 거기 물들지 말라는 뜻에서다. 불교 신자들은 연꽃보다 오히려 백합이나 장미꽃을 더 많이 불전에 공양하고 있는 실정이다.

아, 연못에서 연꽃을 볼 수 없는 그런 시대에 우리가 지금 살고 있다.[3]

법정의 동아일보 칼럼 〈연못에 연꽃이 없더라〉의 일부였다. 한 해 전, 그는 모 원로 화가에게서 믿기지 않는 이야기를 들었다. 독립기념관 백련못의 연꽃이 인위적으로 제거되었다는 것이다. 충격을 받은 그가 실제로 가보니 연꽃이 없었다. 심지어 발품을 팔아 경복궁, 창덕궁의 연못에 가보았으나 역시 연꽃이 보이지 않았다. 이로 인해 실망과 탄식에 빠진 그가 칼럼을 발표했다.

칼럼을 본 청와대에서 사람을 보냈다.

"연못의 연꽃은 비단잉어가 뜯어 먹어서 사라진 것입니다. 어쨌거나 연못에 연꽃 하나 없는 것은 분명 문제입니다. 이 일에 대통령이 특별히 관심을 갖고 바로 시정하라고 지시를 내렸으니, 곧 해당 연못에 연꽃을 가꾸도록 할 예정입니다."

법정은 아무런 대꾸를 하지 않았다. 무엇이든 본래의 모습을 잃어버리면 다시 예전의 모습으로 돌아가야 하는 게 너무나 마땅했다. 시간이 흘러 그는 연못을 둘러보지 않았다. 정부의 말을 믿기로 했다. 그는 알고 있었다. 잉어가 연못의 연꽃을 모조리 먹어치우는 일은 결코 있을 수 없다는 것을. 또한 자연의 동물은 결코 사람처럼 씨를 말리면서까지 먹어치우지 않는다는 것을.

＊ ＊ ＊

스님은 청와대 관계자에게 시비를 따지지 않았습니다. 잉어 때문에 연꽃이 사라졌다는 건 있을 수 없음을 잘 알기 때문입니다. 모르긴 해도 몇몇 극성 종교인의 소행임이 틀림없습니다. 자기네 신과 계율만이 옳다고 믿고 타 종교를 배척하는 극단적인 태도가 문제를 일으켰습니다. 스님은 신부, 수녀, 목사, 원불교의 정녀와 울타리를 넘어 원만하게 교유했습니다. 또한 성경을 인용하는 데에도 인색하지 않았습니다. 스님은 말합니다.

> 종교의 진수를 체험하려면 종교 그 자체로부터도 자유로워질 수 있어야 한다. 믿음에서 자유로운 사람만이 모든 믿음을 넘어서 있는 것, 헤아릴 수 없는 생명의 원천을 찾아낼 수 있을 것이다. 안식일을 위해 사람이 있는 게 아니라 사람을 위해 안식일이 있다는 말씀은 누구나 명심해둘 가르침이다. 자주적인 인간이 되어야지, 종교의 노예가 되어서는 진정한 종교인도 사람도 되기 어렵다.[4]

삼소회를 아십니까? 불교의 비구니, 천주교의 수녀, 원불교의 정녀가 함께하는 모임입니다. 이 모임은 종교를 뛰어넘어 소외된 이웃에게 사랑을 실천하고, 더 나아가 세계 평화를 도모하고자 만들어졌습니다. 사랑과 자비의 실천에는 종교의 구별이 무의미하지 않을까요? 타 종교에 대한 배려와 존경이 절실해지는 때입니다.

프랑스의
길상사
개원

"파리 불자들의 염원이 국내에까지 메아리쳐서 좋은 일이 이루어졌습니다. 오늘, 이처럼 머나먼 이국의 땅에서 우리 사찰 길상사가 세워졌습니다. 길상사는 명상을 통해 진정한 불공과 기도를 이루는 곳이 되는 것과 함께, 유학생들을 비롯해 한국 교민들의 만남의 장소가 되어줄 것입니다. 앞으로 길상사는 포교는 물론 한국의 문화와 전통을 유럽에 알리는 데 앞장설 계획입니다."[5]

1993년 10월 10일, 프랑스 토르시 주택가에 송광사 파리 분원 길상사가 문을 열었다. 프랑스 명칭은 '명상의 집(mai-son de meditation)'이다. 이로써 프랑스에 첫 한국 사찰이 생겼다.

　이 사찰을 세우는 구상은 법정이 2년 전 유럽을 방문했을 때 세워졌다. 프랑스에 머물던 그가 법회를 하자 불자 교민이 100명 이상 모였다. 이때 법당의 필요성을 절감했다.

　방혜자 화가가 말했다.

　"스님, 이곳에 우리나라 유학생이 많이 와 있습니다. 한데 언어의 장벽과 문화적 충격 등으로 정신적으로 너무나 힘들어하고 있어요. 이곳에 우리나라 사람들이 모여서 불공을 드리면서 마음의 안정을 찾을 수 있는 장소를 마련해야 합니다."

　이미 프랑스에는 불자의 모임이 만들어져서 운영되고 있었는데 그들만을 위한 법당이 없었다. 교민을 위한 교회가 일곱 곳, 성당이 한 곳 있던 것에 비하면 상황이 너무나 좋지 않았다.

　이런 계기로 프랑스의 사찰 건립이 추진되었다. 법정은 길상사 건립을 위한 모금 강연회를 했고, 재불 화가와 국내 화가들은 전시회를 열어 기금을 모집했다. 이 외에도 여러 사람에게서 도움의 손길이 이어졌다. 인간문화재 박

찬수는 부처님 존상을, 재불 화가 방혜자는 후불탱화를, 김충현은 현판을 보시했다. 이런 노력 끝에 프랑스 최초의 한국 사찰이 세워졌다.

특히 길상사의 후불탱화에는 법정의 남다른 혜안과 배려가 깃들어 있었다. 그는 방혜자 화가에게 말했다.

"꼭 한국식 탱화를 고집할 필요가 있을까요? 여긴 프랑스이니까 화가님의 특기인 추상화로 그려주세요."[6]

* * *

스님이 처음 프랑스에 머물 때는 한식당에서 법회를 했습니다. 이곳에 모인 유학생과 교민들은 스님에게 위로와 격려의 말씀을 듣고자 했습니다. 이미 불자의 모임 '재불교민불자회'가 이어지고 있었지만 독립된 공간이 없었습니다. 이를 안타깝게 여긴 스님을 중심으로 해서 많은 분의 나눔과 헌신으로 프랑스에 사찰이 마련되었습니다. 스님은 말합니다.

> 아무리 미미하고 덧없는 개인이라 할지라도 인간의 부름에 따라 공동체의 사업인 나누어 가지는 일에 참가하면 인간

으로서 불멸의 본질이 구현되고 존재의 의미를 갖게 된다. 따로따로 보면 개인은 한 사람씩 죽어가지만, 뜻을 함께 나누어 가질 때에는 인간이 되어 영원히 멸하지 않는다.

언제 어디서나 우리들의 본질인 그 인간을 찾아내고 드러내야 한다. 진정한 인간의 집합만이 이 지구 상에 이상적인 세계를 건설할 수 있을 것이다.[7]

나누고 베풀면 내 것이 상실되기만 할까요? 절대 그렇지 않습니다. 내 것을 나누고 베풀면 개체인 나는 타인과 하나가 되어 우리가 됩니다. 내 것을 받아 타인이 행복하면 곧 우리가 행복해집니다. 또한 내가 이 지구별에서 사라지더라도 나로부터 나눔과 베풂을 받은 이들이 숨 쉬면서 살아갈 수 있지요. 이 때문에 나는 죽더라도 나는 결코 죽지 않습니다. 프랑스의 길상사를 위해 나누고 베푼 분들은 영원히 우리 곁에서 살아 있을 게 분명합니다.

맑고 향기롭게
살아가기
운동

"깨달음에 이르려면 두 가지 일을 스스로 실행해야 합니다. 하나는 자신을 속속들이 지켜보는 것입니다. 스스로 자신을 관리, 감시하여 행여라도 욕심냄이 없도록 삿된 길로 빠지지 않도록 경계해야 합니다. 또 하나는 사랑을 실천하는 것입니다. 콩 반쪽이라도 나눠 갖는 실천행이 생활 속에 자연스럽게 배어 있어야 합니다. 이 두 길을 함께하고자 여러분께 '맑고 향기롭게 살아가기 운동'을 제안하는 바입니다."[8]

1994년 3월 26일, 법정이 '맑고 향기롭게 살아가기 운동' 창립 법회에서 말했다. 장소는 서울 양재동 구룡사였다. 이 운동은 작년 8월에 순수 시민운동으로 시작되어, 모임의 상징인 연꽃 스티커를 나누어주었다. 연꽃을 보면서 자기 자신과 주위를 둘러보고 '맑고 향기롭게' 생각하고 행동하자는 의미였다. 연꽃 스티커가 사회 구석구석에 많이 붙여져서 이 사회가 맑고 향기롭게 변하길 바라는 취지였다.

이 운동은 조용하고 검소하게 하고자 했지만 많은 사람이 호응했다. 연꽃 스티커 40만 장이 금세 동났다. 여러 곳에서 연꽃 스티커를 요청했고, 또 여러 사람이 성금을 보내왔다. 이런 계기로 운동을 전국적으로 널리 확산하기 위해 발대식 행사를 열었다. 이날 행사에는 특별히 쪽과 같은 푸른 마음을 지니자는 뜻에서 쪽씨를 나누어주었다

이 운동의 필요성에 대해 그는 말했다.

> 가진 것을 모두 훌훌 털어버리고 산중에 들어간 아무것도 없는 사람이지만 늘 머릿속에는 '밥값'은 해야 한다는 생각이 떠나질 않았습니다. '혼자 사는 게 아니라 더불어 함께 사는 세상'인 까닭이지요. 혼탁하고 살벌하고 거칠어져만 가는 현실을 정화할 수 있는 방법이 없을까

하고 생각하다 문득 연꽃을 떠올리게 됐습니다. 아시다시피 연꽃이란 진흙탕에서 피면서도 그 진흙에 물들지 않고 둘레를 맑고 향기롭게 하지 않습니까. 흐리고 시끄러운 세상에 살면서도 거기에 오염되지 않는 청정한 우리 심성을 그려보면서 우리 사회에 맑고 향기로운 '마음의 연꽃'을 피워보자는 뜻에서 이 운동을 생각하게 됐습니다.[9]

이 모임에 유명 가수가 동참했다. 노영심이 모임 주제가 〈맑고 향기롭게〉를 작곡한 후, 김광석과 함께 노래를 불렀다. 노래는 그해 부처님 오신 날을 기념한 법정의 강연회 때 발표되었다.

은은한 내 마음결 따라 피어오는 꿈속에
맑고 또 향기로움이 멀리 있진 않구나

맑고 또 향기로움이
멀리 있진 않구나

이 모임은 20여 년간 활발하게 운영되어왔다. 현재 서울을 비롯해 대구, 부산, 광주, 경남, 대전 모임이 있다. 모임은 '마음을 맑고 향기롭게', '세상을 맑고 향기롭게', '자연을 맑고 향기롭게' 세 가지 실천 덕목을 유지해오고 있다.

첫 번째 '마음을 맑고 향기롭게' 하기 위해 다음을 강조한다.

"욕심을 줄이고 만족하며 삽시다. 화내지 말고 웃으며 삽시다. 나 혼자만 생각 말고 더불어 삽시다."

두 번째 '세상을 맑고 향기롭게' 하기 위해서 다음을 강조한다.

"나누어 주며 삽시다. 양보하며 삽시다. 남을 칭찬하며 삽시다."

세 번째 '자연을 맑고 향기롭게' 하기 위해 다음을 강조한다.

"우리 것을 아끼고 사랑합시다. 꽃 한 포기, 나무 한 그루 가꾸며 삽시다. 덜 쓰고 덜 버립시다."

* * *

스님은 이 운동을 불교에 국한하지 않고, 종교를 떠나온 국민이 마음과 세상과 자연을 청정하게 가꾸는 데 참여토록 하고자 했습니다. 이 때문에 '밥값'을 하자고 이 모임의 중심에 섰습니다. 여기에 많은 분의 관심과 호응이 뒤따른 끝에 사단법인 '맑고 향기롭게'가 세워졌습니다. 현재 이 모임은 이름을 알리지 않고 베푸는 스님의 무주상보시 정신을 잘 계승하고 있지요. 스님은 말합니다.

> 마음을 맑히기 위해서는 또 작은 것, 적은 것에 만족할 줄 알아야 한다. 살아가는 데 꼭 필요 불가결한 것만 지닐 줄 아는 것이 바로 작은 것에 만족하는 마음이다. 하찮은 것 하나라도 소중히 여기고, 그것을 소유할 수 있음에 감사하노라면 절로 맑은 기쁨이 샘솟는다. 그것이 행복이다.[10]

내 마음의 연못이 탁해지는 이유가 뭘까요? 더 많이 소유하고 나만 위하기 때문입니다. 연못이 오염으로 찌들게 되면 더 이상 물고기도 연꽃도 살지 못합니다. 연못은 시궁창이 되고 맙니다. 연못의 청정함을 지키기 위해서는 적은 것에 만족하고 또 나누어주어야 합니다. 그래야 연못에 물고기가 노닐고 또 연꽃이 피어날 수 있습니다. 오늘, 내 연못이 맑고 향기로운지 되돌아보는 시간을 가져보면 어떨까요?

『채근담』은 사람의 마음에 대해 말합니다.

> 사람의 마음에는 진실된 깨달음의 경지가 있어, 거문고와 피리가 아니더라도 절로 편안하고 즐거워지며 향과 차가 아니더라도 절로 맑은 향기에 젖어든다. 모름지기 생각을 깨끗이 하고 마음을 비우며 잡념을 잊고 형체조차 잊어야, 비로소 그 가운데서 마음껏 놀고 즐길 수 있다.[11]

일곱 상좌들과
'불일암 수칙'

법정이 떠난 불일암에는 그의 상좌들이 머물고 있었다. 1995년에는 상좌가 다섯 명이었다. 그는 제자를 받지 않기로 유명했으나 첫 제자를 받은 후 모두 일곱 명의 상좌를 두었다. 효봉 선사와 시주 은혜를 갚기 위해서라면서 제자를 받아들였다. 마지막 제자 덕일을 받은 후 더 이상 제자를 받지 않기로 했다.

"상좌 하나가 지옥 한 칸인 데다 더 이상 가르칠 게 없다."[12]

첫 제자 덕조를 받아들인 과정은 유명하다. 덕조는 여러 행자 가운데 한 명이었다. 송광사에서 불일암으로 몇 차례 오르내리며 시봉을 했다. 시봉 마지막 날이 되자 그는 많은 생각이 스쳤다. 법정이 자신을 제자로 받아들일 것인지 아닌지를 결정짓는 날이기 때문이었다. 그는 담담히 법정에게 말씀드렸다.

"오늘이 스님 시봉 마지막 날입니다. 내일부터는 올라오지 못합니다."

그러자 법정이 차 한 잔을 권하면서 말했다.

"너의 법명은 덕조다."

이로부터 그는 스님의 첫 상좌가 되었다.[13] 그 뒤로 덕인, 덕문, 덕현, 덕운, 덕진, 덕일을 두었다. 이들의 노고로 불일암은 예전보다 훨씬 편리하게 변했다. 수돗물이 나오는 입식 주방이 생겼고, 가팔랐던 길이 운치 있는 대숲으로 바뀌었고, 대나무로 엮은 사립문도 생겼다. 또한 불일암에 오르는 길목 몇 곳에 통나무 의자를 만들어놓았다.

하루는 제자들이 의견을 물었다.

"이번 기회에 스님이 거처하시는 위채도 난방이 되게 고치면 어떻겠습니까?"

그가 잘라 말했다.

"그곳은 원래 그대로 놔두도록 해라. 돈을 들이고 더 꾸

미는 걸 원치 않는다."

이렇게 해서 법정의 거처는 그대로 유지되었다. 그는 1995년 가을 불일암에 머물고 간 후 고민에 빠졌다. 제자를 여럿 둔 만큼 그에 따르는 책임감이 막중했다. 제자들이 잘못된 길로 빠지지 않도록 잘 이끌어가야 했다. 그는 사찰 규범 지침서 『백장청규』에 나오는 목어의 유래를 떠올렸다.

'방탕하게 살던 한 제자가 등에 나무가 달린 물고기가 되었지. 이를 가엾이 여긴 스승이 물고기의 몸에서 벗어나게 해주었지. 그러자 제자가 등의 나무로 물고기를 만들어 나무때기를 쳐서 수행자에게 교훈이 되게 해주라고 청했지. 이렇게 해서 수행자들이 물고기처럼 눈을 감지 않고 조석으로 정진하라는 의미에서 목어가 만들어졌어.'

그는 제자들 한 명 한 명의 얼굴을 떠올린 후 종이 위에 '불일암 수칙'을 써나갔다. 그러곤 제자들에게 보내 벽에 붙여놓도록 했다.

불일암 수칙[14]

이 도량에 몸담아 사는 수행자는 다음 사항을 엄격히 지켜야 한다.

- 부처님과 조사의 가르침인 계행과 선정과 지혜를 함께 닦는 일로 정진을 삼는다.
- 도량이 청정하면 불·법·승 삼보가 항상 이 암자에 깃들인다. 검소하게 살며 게으르지 말아야 한다.
- 말이 많으면 쓸 말이 적다. 잡담으로 귀중한 시간을 낭비하지 않고 침묵의 미덕을 닦는다.
- 방문객은 흔연히 맞이하되 해 떨어지기 전에 내려가도록 한다. 특히 젊은 여성과는 저녁 공양을 함께하지 않고, 바래다주거나 재우지 않는다.
- 부모 형제와 친지들을 여의고 무엇을 위해 출가 수행자가 되었는지 매 순간 그 뜻을 살펴야 한다. 세속적인 인정에 끄달리면 구도 정신이 소홀해진다는 옛 교훈을 되새긴다.
- 이 수칙을 지키는 수행자에게 도량의 수호신은 환희심을

낼 것이다.

- 이상.

* * *

스님은 제자들이 삿된 길에 빠지지 않고 정진하길 바랐습니다. 자식에 대한 부모의 마음과 진배없었지요. 스님은 제자의 도리를 앞세우기 전에 스승의 도리를 솔선수범했습니다. 스님은 『육방예경』에 나오는 스승의 도리를 잘 알고 있었습니다. "스승은 제자에게 진리에 따라 지도하고, 알지 못하는 것이 있으면 친절히 가르쳐주며, 물음이 있으면 그 뜻을 잘 설명해주고, 훌륭한 벗을 소개해주며, 가르치는 일에 인색하지 않아야 한다." 스님은 말합니다.

> 가풍은 누가 만들어 이루는가. 더 물을 것도 없이 그 도량에 몸담아 사는 사람들의 삶의 질서와 양식이 그 가풍을 만들며 이루고 있다. 또한 그 가풍이 그들을 지켜주고 형성시키면서 이웃에 메아리를 전한다.[15]

종종 여럿이 어울리면서 그른 길로 빠지는 경우가 허다

합니다. 서로 좋은 영향을 주고받기보다는 나쁜 영향이 도미노처럼 번지기 때문이지요. 그래서 공동 생활하는 곳에서는 '수칙'이 필요합니다. 가족, 회사, 모임, 단체 등에서 스스로 알아서 지켜야 할 수칙이 필요합니다. 이 수칙이 목어처럼 매일 구성원에게 경종을 울리게 됩니다. 나태해지지 말고 바른길로 정진하라고 말입니다.

길상사,
선방으로 거듭난
1,000억대 요정

"길상사가 가난한 절이 되었으면 합니다. 요즘은 어떤 절이나 교회를 물을 것 없이 신앙인의 분수를 망각한 채 호사스럽게 치장하고 흥청거리는 것이 이 시대의 유행처럼 되고 있는 현실입니다. 풍요 속에서는 사람이 병들기 쉽지만, 맑은 가난은 우리에게 마음의 평화를 이루게 하고 올바른 정신을 지니게 합니다. 이 길상사가 가난한 절이면서 맑고 향기로운 도량이 되었으면 합니다. 불자들만이 아니라 누구나 부담 없이 드나들면서 마음의 평안과 삶의 지혜를 나눌 수 있으면 합니다."[16]

1997년 12월 14일 길상사 창건 법회에서 법정이 말했다. 원래 길상사는 대원각이라는 요정이었다. 백석 시인의 연인으로 알려진 김영한 여사가 평생 일궈온 재산이었다. 1987년에 김 여사가 법정에게 요정을 기부하겠다는 뜻을 밝혔지만 법정은 한사코 받아들이지 않았다. 김영한 여사는 『무소유』를 읽고 감동하여, 그가 자신의 재산을 수행 도량으로 바꾸어주길 바랐다. 그는 일언지하에 거절했다.

"평생 주지를 해본 일도 없고, 앞으로도 주지가 될 생각이 없습니다."

이후에도 김영한 여사는 거듭 기증의 뜻을 밝혔다. 여기에 주변의 간청이 더해지자, 시절인연이니 할 수 없다며 여사의 뜻을 받아들였다. 10년 가까이 흐른 1995년이었다. 그는 관리자로 물러서고 조계종단의 이름으로 기증을 받아들였다. 이렇게 해서 길상사는 송광사 분원으로 등록되었고, 보수 공사를 거쳐 마침내 개원했다.

이날, 김수환 추기경이 자리를 빛내주었다. 추기경은 "이 책이 아무리 무소유를 말해도 이 책만큼은 소유하고 싶다"며 『무소유』 추천사를 쓴 적이 있었다. 추기경이 말했다.

"바쁘게 살아가는 현대인일수록 잠시라도 반성과 회개

를 할 수 있는 시간이 절실히 필요합니다. 길상사가 도시인들의 영혼의 쉼터가 되고, 맑고 향기로운 기운이 샘솟는 도량이 되길 바랍니다."

잠시 후, 법정의 법문이 끝나자 김영한 여사가 떨리는 목소리로 말했다.

"저는 배운 것이 많지 않고 죄가 많아 아무 드릴 말씀이 없습니다. 불교에 대해서는 더더구나 아무것도 모릅니다. 하지만 말년에 귀한 인연으로 제가 일군 이 터에 절이 들어서고 마음속에 부처를 모시게 돼서 한없이 기쁩니다. 저의 남은 한으로 이 절의 종을 힘껏 치고 싶을 뿐입니다."[17]

이날, 법정은 김영한 여사에게 '길상화(吉祥華)'라는 법명과 함께 염주 한 벌을 주었다. 김 여사가 1,000억대 재산을 바치고 받은 것이라고는 법명과 염주 한 벌뿐이었다. 몇 년 후 김 여사는 세상을 떠나기 전날 길상사에서 마지막 밤을 보냈다. 평소 길상사에서 한 번도 묵은 적이 없던 법정 또한 마찬가지였다. 2010년, 생의 마지막 밤을 길상사에서 보냈다.

* * *

스님은 절의 개인 소유를 반대했습니다. 기본적으로 출가 수행자는 가난 속에서 정진해야 한다고 했습니다. 스님을 일컫는 '비구'의 본뜻이 거지이기 때문에, 거지들이 모여 사는 곳이 사찰이라고 했습니다. 거지들이 득실거리는 사찰이야말로 진정한 수행 도량인 셈입니다. 스님은 말합니다.

> 현재 내가 몸담아 사는 산중의 오두막은 여러 가지로 불편한 환경이다. 그럼에도 불구하고 나는 이곳에서 단순하고 간소하게 내 식대로 살 수 있기 때문에 일곱 해째 기대고 있다. 어디를 가보아도 내 그릇과 분수로는 넘치는 것을 감당할 수 없어, 나는 이 오두막을 거처로 삼는 것이다.
> 거듭 밝히는 바이지만 나는 가난한 절이, 청정한 도량이 그립고 그립다.[18]

스님은 법회를 하러 길상사를 찾았지만 한 번도 그곳에서 묵지 않았다고 합니다. 이유가 뭘까요? 길상사는 자신의 것이 아니며 종단의 공유물임을 몸으로 보여준 것입니다. 또한 본래대로 가난 속에서 거지와 다름없이 살고자 했기 때문입니다. 두메산골의 오두막에서 최소한의 식량과 물건으로 살아가는 것 말이지요. 가난한 수행자에게 늘 김영한 여사와 같은 분이 나눔으로 화답하고 있어서 다행입니다. 부처님의 지혜를 얻고 또한 중생을 구제하고자 전 인생을 바친 가난한 수행자들에게, 이제 당신이 화답할 차례가 아닐까요?

성탄 메시지와
명동성당
초청 강연

길상사 창건 후 크리스마스가 코앞에 다가왔다. 이때 법정은 천주교 신문인 평화신문에 글을 기고했다. 김수환 추기경이 길상사 개원에 참석해 축사해준 데 대한 답례였다. 평소 기독교, 천주교, 원불교의 인사와 담을 허물고 원만하게 교유해온 그로서는 너무나 자연스러운 글이었다. 상대 종교를 존중하는 의미에서 성경을 인용하기도 하고, 또 말미에 '아멘'이라고 썼다.

겨레의 시련 빨리 벗게 하소서

작은 아기로 낮추어 우리 곁에 오신 예수님의 탄생을 진심으로 축하드립니다.

아기 예수의 탄생이 오늘 우리에게 어떤 의미가 있는지 함께 생각해볼 기회입니다. 탄생은 한 생명의 시작일 뿐만 아니라, 낡은 것으로부터 벗어남이기도 합니다.

가난한 자와 버림받은 자들 곁에 계셨던 그분 자신이 이 세상에서 가장 가난하고 버림받은 자임을 우리는 상기해야 합니다. 우리 사회가 지금 당면하고 있는 온갖 시련과 고통, 그리고 갈등과 분열은 어디서 온 것일까요? 그 누구도 아닌 우리들 자신이 뿌려서 거두고 있는 분수 밖의 욕심, 바로 그 열매입니다.

우리는 다시 태어나야 합니다. 낡은 껍질을 벗고 새롭게 움터야 합니다. 마음이 가난한 사람은 복이 있나니 하늘나라가 그들의 것이라고 하셨습니다. 우리는 이 세상에 아무것도 가지고 오지 않았고 또한 아무것도 가지고 갈 수 없습니다. 본래 무일물(無一物), 마음의 문이 열려야 그 안에서 영혼의 메아리가 울립니다.

오늘 우리 곁에 오신 하느님의 아들께 비옵니다. 이번 대선에서 뜻을 이루지 못해 마음속 깊이 좌절의 상처를 입은 이들에게 위로를 주시고, 이겼다고 우쭐거리며 오만해지기 쉬운 이들이 겸손과 포용의 덕을 지니도록 깨우쳐주소서. 그리고 이 겨레가 지금 겪고 있는 시련과 고통에서 하루빨리 벗어나 한마음 한뜻을 가지고 사람답게 살아갈 수 있도록 이끌어주옵소서. 아멘.[19]

천주교와의 교유는 이듬해에도 이어졌다. 그는 강연을 하기 위해 명동성당에 나타났다. 불교계 인사로는 처음이었다. 명동성당은 '경제난 극복을 위한 특별 강연'을 하고 있었다. 그는 천주교 신자들 앞에서, 초청해준 인연과 천주님의 뜻에 감사한다며 말문을 열고 강연했다. 강연 주제는 '나라와 겨레를 위한 종교인의 자세'였다.

"현재 우리나라가 IMF로 풍전등화의 위기를 맞고 있습니다. 굵직한 대기업들이 도미노처럼 무너지고, 수많은 직장인들이 거리로 내몰리고 있습니다. 이 상황에서 우리 종교인들은 종파를 초월해 경제 난국을 극복하는 데 두 손을 모아야 합니다. 특히, 종교인은 경제난에 괴로워하기보다는 오히려 '무소유'의 정신으로 경제난을 헤쳐나가야 합니다. 경제 위기 속에서 더욱 빛나는 게 무소유의 정신입니다. 이 위기를 기회로 받아들임으로써…."

* * *

스님은 천주교와의 인연이 각별합니다. 스님은 신부, 수녀와의 교유가 많았습니다. 2000년 4월 28일 길상사에 세워진 관음보살상은 천주교 신자인 최종태 조각가에 의해 제작되었습니다. 관음보살상은 성모마리아와 모습이 닮았습니다. 특히 스님과 김수환 추기경의 우정을 빼놓을 수 없지요. 김수환 추기경은 부처님 오신 날에 스님을 찾아오기도 했습니다. 스님은 '김수환 추기경을 추모하는 글'에서 말합니다.

> 김수환 추기경님은 자신 안에서나 공동체 안에서나 그 벽을 허무는 데 일생을 바치신 분으로 내게 다가온다. 그분은 십자가의 성 요한이 말한 "모든 것을 소유하고자 하는 사람은 어떤 것도 소유하지 않아야 하며, 모든 것이 되고자 하는 사람은 어떤 것도 되지 않아야 한다."를

삶 속에 그대로 옮기신 분이다. 나와 만난 자리에서 그분은 "다시 태어나면 추기경 같은 직책은 맡고 싶지 않다. 그냥 평신도로서 살아가고 싶다."고 말한 적이 있다. 불교에서 말하는 '하심(下心)', 그리스도교에서 말하는 '마음이 가난한 사람'의 실천자임을 느낄 수 있었다.[20]

스님과 추기경은 우리 시대의 두 어른입니다. 서로 다른 종교계의 두 어른이 흔쾌히 소통하고 화합하는 모습은 감동적입니다. 스님과 추기경은 모든 것을 버리고 또 버린 끝에, 타 종교마저 자신처럼 껴안았던 게 아닐까요? 종교가 달라서, 정당이 달라서, 가치관과 세계관이 달라서, 피부색이 달라서 우리 사회는 불통의 병을 앓고 있습니다. '다름'으로 인해 생긴 벽을 부술 수 있는 방법이 뭘까요? 두 어른처럼 자신마저도 내려놓는 것입니다.

'김수환 추기경을 추모하는 글'에 덧붙였던 스님의 시입니다.

> 우리 안의 벽
> 우리 밖의 벽

그 벽을 그토록
허물고 싶어하던 당신

다시 태어난다면
추기경이 아닌
평신도가 되고 싶다던 당신

당신이 그토록 사랑했던
이 땅엔 아직도
싸움과 폭력,
미움이 가득 차 있건만

봄이 오는 이 대지에
속삭이는 당신의 귓속말

살아 있는 것은
다 행복하라
사랑하고, 또 사랑하라
그리고 용서하라

소로의
월든 호수를
찾다

"소로 선생, 저 법정입니다. 법정이 왔습니다."[21]

법정이 미국에 온 계기로 월든 호수를 찾았다.[22] 그는 마하트마 간디가 그랬듯, 숲 속의 구도자인 소로의 『월든』을 감명 깊게 읽고 많은 영향을 받았다. 소로는 간디에게 비폭력 저항 정신을, 법정에게 무소유 정신을 전수해주었다. 법정은 간디와 함께 소로의 간소한 삶에서 많은 영향을 받았다고 말했다.[23]

먼저 찾은 곳은 소로가 살았던 통나무집 터였다. 오래전에 통나무집이 사라진 자리에는 돌무더기만 있었다. 그는 집터 앞에 세워진 경계석의 글귀를 읽어 내려갔다.

내가 숲 속으로 들어간 것은 인생을 의도적으로 살아보기 위해서였다. 다시 말해서 인생의 본질적인 사실들만을 직면해보려는 것이었으며, 인생이 가르치는 바를 내가 배울 수 있는지 알아보고자 했던 것이며, 그리하여 마침내 죽음을 맞이했을 때 내가 헛된 삶을 살았구나 하고 깨닫는 일이 없도록 하기 위해서였다.
- 소로

경계석을 뒤로하고 숲을 둘러보았다. 소로의 통나무집 모형이 있었다. 그곳에 들어가 월든에서 2년 2개월 2일간 살았던 소로의 체취를 더듬어갔다. 그의 머릿속에 『월든』의 한 구절이 스쳐 지나갔다.

단순하게, 단순하게, 단순하게 살지어다! 백 가지 천 가지가 아니라 두 가지나 세 가지로 일을 줄이라. 백만이 아니라 대여섯을 셈할 것이며 장부는 간소하게 적으라.[24]

이 구절을 음미하면서 천천히 비췻빛 월든 호수로 내려

갔다. 호수 앞 '생각의 바위'가 보였다. 170여 년 전, 홀로 숲 속에 들어온 소로가 그곳에 앉아 명상에 빠진 모습이 그려졌다. 천천히 그곳으로 다가가 생각의 바위에 앉았다. 그러곤 눈을 감았다. 내면에서 『월든』의 한 구절이 들려왔다.

> 그대의 눈을 내면으로 돌려보라. 그러면 그대의 마음속에 아직 발견되지 않는 수많은 곳을 보게 되리라. 그곳을 여행하라. 그리하여 자신의 우주에 통달하라.[25]

* * *

스님은 소로의 사연주의 정신을 흠모했습니다. 또한 그의 『월든』을 사랑했습니다. 스님은 세 번에 걸쳐 직접 월든 호수를 찾았습니다. 스님은 2011년 뉴욕 불광사 초청 법회에서 말했지요. "그의 대표작 『월든』을 읽은 사람들은 현장에 가보고 싶어 할 것입니다. 기회 있으면 한번 가보십시오."[26]

소로와 스님의 무소유 정신은 닮았습니다. 스님은 말합니다.

> 행복의 비결은 우선 자기 자신으로부터 불필요한 것을 제거하는 일에 있다. 사람이 마음 편하게 살기 위해서 무엇이 필요하고 무엇이 필요하지 않은지 크게 나누어 생각할 줄 알아야 한다. 진정한 자기 자신이 되려면 자기를 억제할 수 있어야 한다. 인간을 멍들게 하는 분수 밖의 소유욕에 사로잡히게 되면, 그 소유의 좁은 골방에 갇혀 드넓은 정신세계를 보지 못한다.[27]

다들 성공, 권력, 부, 명예를 향해 달려가고 있습니다. 서로 지지 않기 위해 수단과 방법을 가리지 않습니다. 무조건 남보다 더 많이 소유하는 데 혈안이 되어 있습니다. 화염 속으로 달려드는 불나방과 같습니다. 이런 삶에서 가장 중요한 행복을 얻을 수 있을까요? 스님은 버리고 또 버려야만 진정한 행복을 얻을 수 있다고 합니다. 내 행복을 갉아먹는 걸 하나씩 하나씩 정리하고 버리는 연습을 해보면 어떨까요?

최인호
소설가와의
대담

2003년 봄, 법정은 길상사 요사채(사찰에서 승려들이 거처하는 집채)에서 최인호 소설가와 대담을 했다. 『샘터』의 지령 400호를 기념해 이루어진 것으로, 대담 제목은 '산다는 것은 나누는 것입니다'였다. 행복, 사랑, 가족, 시대정신, 고독, 베풂과 용서, 죽음 등에 대해서 4시간여 이야기를 펼쳤다.

어떻게 해서 그와 최인호 소설가가 함께 자리할 수 있었을까? 최인호 소설가는 천주교 신자지만 『길 없는 길』이라는 불교 소설을 내놓았다. 타 종교에 대한 포용적인 자세가 있었기에 가능한 일이었다. 그가 불교 소설을 쓸 수 있도록 격려한 이가 법정이었다. 1980년 초에 샘터사에서 우연히 둘이 만났다.

최인호 소설가가 법정에게 속마음을 말했다.

"불교 소설을 쓰고 싶습니다."

법정이 말했다.

"소설가께서는 뛰어난 재능이 있으니 충분히 쓸 수 있을 것입니다. 간절한 원을 세우면 부처님의 도움이 뒤따르기 마련입니다. 최 소설가의 불교 소설을 기다려보겠습니다."

이후 1980년대 말에 최 소설가의 『길 없는 길』이 신문 지상에 연재되었다. 그는 수많은 소설을 썼지만 실재 인물을 주인공으로 한 소설이 없었다. 『길 없는 길』은 예외였다. 근대 불교의 중흥조 경허 스님을 주인공으로 다루었다. 그가 소설을 집필하게 된 것은 경허 선사 법어집의 '일 없음이 오히려 나의 할 일(無事猶成事)'이라는 구절을 접하면서부터였다.[28]

법정이 최인호 소설가에게 매화차를 건네며 말문을 열었다.

"『길 없는 길』 잘 읽었습니다. 역시나 최 소설가께서 우리 불교계의 큰 어르신을 잘 그려주었습니다. 이 소설을 통해 많은 분들에게 우리 전통의 불교를 널리 알릴 수 있어서 참으로 고맙게 생각합니다."

"과찬의 말씀이십니다. 주위의 여러분이 도와주셨기에 불교 소설이 나올 수 있었습니다. 평소 저는 정신적 아버지는 가톨릭이지만 정신적 어머니는 불교라고 말해왔습니다. 그런 의미에서 저는 불교적 가톨릭 신자입니다.[29] 저는 불교의 한 식구나 마찬가지입니다."

그가 미소를 띠었다.

"그렇고말고요. 최 소설가는 『길 없는 길』로써 부처님께 불자로 낙점되었으리라 봅니다."

법정과 최 소설가는 다양한 테마로 이야기를 진행했다. 시간이 흐르면서 고독, 베풂과 용서, 종교를 지나 죽음에 다다랐다. 법정과 자신의 머지않은 임종을 내다보았을까? 최 소설가가 죽음에 관해 물었다.

"스님, 책에서 죽음이 두렵지 않다고 하셨는데 정말 그렇습니까?"

법정이 담담히 대답했다.

"실제로 죽음이 닥치면 어떨지 모르겠지만 지금 생각으로는 그렇습니다. 우주의 질서처럼, 늙거나 죽는다는 것은 아주 자연스러운 일이지요. 죽은 나무가 자라는 것처럼 자연스러운 일이거늘, 육신을 자신의 소유물로 여겨 소유물이 소멸된다는 생각 때문에 편안히 눈을 못 감는 것이지요. 죽음을 삶의 끝으로 생각하면 안 됩니다. 새로운 삶의 시작으로 생각할 수 있어야 합니다. 이런 생각들이 확고해지면 모든 걸 받아들일 수 있어요. 거부하려 들면 갈등이 생기고 불편이 생기고 다툼이 생기는데, 겸허하게 받아들이면 편안해집니다."[30]

* * *

스님은 최인호 소설가와의 대담 7년 뒤 입적했습니다. 최 소설가는 그로부터 3년 뒤 세상을 떠났습니다. 두 분의 대담에서 최 소설가는 죽음이 두렵다면서 말했습니다. "그럼에도 불구하고 죽음이 나에게 왔을 때 통곡하고 분노할 것인가, 아니면 두려움에 떨 것인가, 죽음에 대해 좀 더 자주, 깊이 생각하려고 합니다."[31] 스님은 말합니다.

삶을 마치 소유물처럼 생각하기 때문에 우리는 그 소멸을 두려워한다. 그러나 삶은 소유물이 아니라 순간순간의 있음이다. 영원한 것이 이 세상에 어디 있겠는가. 모두가 한때일 뿐. 그러니 그 한때를 최선을 다해 최대한으로 살 수 있어야 한다. 새롭게 발견되는 삶은 놀라운 신비요 아름다움이다.[32]

'메멘토 모리(Memento mori 네가 죽을 것을 기억하라)'라는 라틴어를 들어보셨습니까? 역설적이게도 이 말은 삶의 최고 순간에 만들어졌습니다. 전쟁에서 승리를 거둔 로마 장군이 시가행진할 때 노예들에게 외치라고 했습니다. 오늘은 승리했지만 언제가 패배할 수 있고 또 죽을 수 있으니 늘 겸손하게 행동하라는 의미에서입니다. 내 삶을 다시금 성찰하는 시간을 가져보면 어떨까요? 더욱 빛나고 가치 있는 삶을 위해서 말이죠.

나바호 인디언의 격언입니다.

네가 세상에 태어날 때
너는 울었지만

세상은 기뻐했지.

네가 죽을 때
세상은 울지만
너는 기뻐할 수 있도록
그런 삶을 살아라.

스승의
은혜

꽃들이 만발한 2003년 5월이었다. 법정이 법문하러 길상사에서 내려왔다. 마침 그날은 스승의 날이었다. 그가 법당 안으로 들어서자 수시 스님이 꽃 한 다발을 선물했다. 이와 함께 청중이 〈스승의 은혜〉 노래를 불렀다. 전혀 예상치 못한 일이었다.

그가 당황스러운 표정으로 말했다.

"왜 안 하던 짓을 하느냐?"

그러곤 꽃다발을 옆에 놓고 나서 법문을 이어갔다.

"지금 이 자리에서 생사가 벌어지고 있습니다. 졸음과 망상으로부터 깨어나세요."[33]

＊ ＊ ＊

스님은 신도들의 정성에 감동했던 것이 분명합니다. 그러나 내색하지 않았습니다. 임제 선사의 가르침을 잘 알고 있었기 때문입니다. 임제 선사는 진정한 깨달음을 위한 처방을 내렸습니다. "부처를 만나면 부처를 죽이고, 조사를 만나면 조사를 죽이고, 성자를 만나면 성자를 죽이고, 스승을 만나면 스승을 죽이라." 스님은 말합니다.

> 스승이니 제자니 하는 이 말은 도대체 무엇인가. 이런 분별은 제자의 입장에서만 존재한다. '자신의 눈'을 지닌 사람에게는 스승도 제자도 없다. 모든 사람이 동등하게 보일 뿐이다. 진정한 스승을 만나고 싶은가? 밖에서 찾지 말고 자기 자신을 주시하라. 자신의 영적인 자아 속에서 스승을 찾아라.[34]

스님은 여러 스승의 은혜를 받고 성장했습니다. 스님은 스승의 틀을 답습하거나 얽매이지 않았습니다. 진정한 수행의 길은 스승을 극복하는 것임을 잘 알고 있었습니다. 이 때문에 마음속에서 스승을 찾아왔습니다. 스님은 신도

들이 마음속의 스승을 찾길 바랐습니다. 생사를 벗어나 영원한 자유인이 되고 싶으십니까? 밖이 아니라 안에서 스승을 찾으세요.

뉴욕에서 만난 혜민 스님

2003년, 법정이 수계 법회를 하러 뉴욕으로 떠났다. 그를 뵙기를 간절하게 바란 혜민 스님이 뉴욕 불광선원으로 초청했다. 혜민은 불교를 널리 알리는 차원에서 법정을 꼭 모시고자 했다. 일 년 뒤, 혜민의 뜻이 이루어졌다.

"저의 이름은 법정 스님입니다. 법정 큰스님이 아니에요. 분명히 알아두십시오."

법정은 자신을 소개한 후 법문을 이어갔다. 그가 뉴욕에 머무는 동안, 혜민이 각별히 모셨다. 법정이 불광선원에 올 때면 혜민의 방에 머물렀다. 그때마다 혜민은 법정에게서 할아버지처럼 자상한 인상을 받았다.

하루는 함께 맨해튼 서점을 방문했다. 법정이 혜민에게 책을 골라 오면 사주겠노라 했다. 혜민이 여덟 권을 들고 나타났다.

함께 있던 은사 스님이 말했다.

"한 권만!"

법정은 달랐다.

"괜찮습니다. 다 사줄게요."

그러고는 책 한 권 한 권에 글귀를 적어주었다.[35]

이 책으로 열심히 공부해서 좋은 스님 되세요.

* * *

스님은 혜민 스님의 뜻으로 뉴욕을 방문하게 되었습니다. 비로소 혜민 스님은 법정 스님을 뵈었습니다. 혜민 스님은 학창 시절, 스님의 책을 읽고 감동했습니다. 그가 미국으로 유학갈 때 들고 간 책도 스님의 『새들이 떠나간 숲은 적막하다』였습니다. 혜민 스님은 법정 스님을 뵙고, 글 쓰는 승려의 길에 자신을 얻었습니다. 법정 스님은 말합니다.

우리가 책을 대할 때는 한 장 한 장 책장을 넘길 때마다 자신을 읽는 이로 이어져야 하고, 잠든 영혼을 일깨워 보다 값있는 삶으로 눈을 떠야 한다. 그때 우리는 비로소, 펼쳐 보아도 한 글자 없지만 항상 환한 빛을 발하고 있는 그런 책까지도 읽을 수 있다. 책 속에 길이 있다고 하는 것은 이 때문이다. 책 속에서 그 길을 찾으라.[36]

'수행자가 수행에 전념해야지, 글을 써서야 되겠는가?'라는 편견이 있었습니다. 하지만 스님은 몸소 한문으로 된 경전을 알기 쉬운 우리말로 전달하고자 했습니다. 이를 통해 수많은 대중이 부처님의 지혜를 보다 쉽게 접할 수 있었지요. 이러한 법정 스님의 길을, 이제 혜민 스님이 걸어가고 있습니다. 난관에 부딪히거나, 고민이 있거나, 전망이 불투명할 때 딱 한 가지가 답입니다. 책 속에서 그 길을 찾으세요.

혼자 있게 되면
내면의 소리도
들을 수 있습니다

2008년 동안거 결제 법문 때였다. 강원도 두메산골에는 눈이 내리고 있었다. 눈길을 헤치고 법정이 길상사에 내려왔다. 법문에 앞서 기자와 만나는 시간이 있었다. 한 기자가 물었다.

"하루 일과가 어떻게 되십니까?"

그가 말했다.

"새벽 4시에 일어나 예불, 좌선하고 6시엔 차를 마십니다. 다기를 매만지면서 하루 생각의 실마리를 푸는 시간입니다. 오전 중에는 채소밭을 돌보고 좀 어정거리다가 좌선을 하고 글을 씁니다. 12시에 점심 공양하고, 2시까지 산길 여기저기를 대지팡이 짚고 산책합니다. 오후엔 좌선하고 나무도 패고 낙엽 쌓인 것을 치웁니다. 저녁엔 어둡기 전에 공양하고, 7시부터 9시까지는 촛불이나 등잔 밑에서 책을 읽거나, 나가서 낙엽 지는 소리, 시냇물 흐르는 소리에 귀 기울입니다. 무엇엔가 귀 기울이는 것이 중요합니다. 혼자 있게 되면 내면의 소리도 들을 수 있습니다."[37]

* * *

스님은 2007년 겨울에 중병에 걸렸습니다. 이로 인해 외국에서 수술을 받고 돌아왔습니다. 스님은 평소 책의 인세 수입을 어려운 이웃에게 무주상보시했습니다. 이 때문에 막상 몸져눕게 되자 치료비를 사찰에서 빌려야 했습니다. 스님은 병이 재발하자 치료를 하지 않고, 치료에 드는 돈으로 어려운 사람에게 쓰라고 했습니다. 스님은 말합니다.

> 내게 주어진 시간이 그리 많지 않다. 그런데 그 시간을 무가치한 것, 헛된 것, 무의미한 것에 쓰는 것은 남아 있는 시간들에 대한 모독이다. 또 얼마 남지 않은 시간을

긍정적이고 아름다운 것을 위해 써야겠다고 순간순간 마음먹게 된다. 이것은 나뿐 아니라 모두에게 해당되는 일이다. 우리 모두 언젠가 이 세상에 없을 것이기 때문이다.[38]

  스님의 삶은 무소유로 요약됩니다. 그 무소유에는 반드시 이웃에 대한 나눔이 따라붙고 있습니다. 나눔 없는 무소유는 무의미합니다. 나눔이 있기에 무소유는 찬란하게 빛나게 되겠지요. 스님은 생명이 위급한 순간에도 무소유와 나눔을 생각했습니다. 스님은 혼자 있게 되면 내면의 목소리를 들을 수 있다고 했습니다. 어떤 말일까요? '우리 모두 언젠가 이 세상에 없을 것이나'기 아닐까요?

입적

"이제 시간과 공간을 버려야겠다."

이 말을 끝으로 법정은 눈을 감았다. 2010년 3월 11일 오후 1시 51분, 세수(세속에서의 나이) 79세, 법랍(法臘 속인이 출가하여 승려가 된 해부터 세는 나이) 56세를 끝으로 입적했다. 그 곁에는 덕현 스님 등 10여 명이 자리를 지키고 있었다. 강원도 오두막에 가보고 싶어 했지만 끝내 자리에서 일어나지 못했다.

이틀 전에 그는 병원에서 속가 인연과 마지막 만남을 가졌다. 조카 현장 스님이 어머니와 함께 찾아왔다. 법정은 10킬로그램이나 빠져 초췌한 모습으로 맞이했다. 고종사

촌인 현장 스님의 어머니가 여쭈었다.

"다시는 볼 수 없습니까?"

그가 말했다.

"왜요? 불일암에 오면 볼 수 있죠."

"다리 아파서 못 가요."

"그러면 길상사로 오세요."

그는 마지막 순간을 길상사에서 보냈다. 입적의 순간이 다가오자 제자가 길상사에서 열반에 드시겠느냐고 여쭈었고, 스님은 승낙했다. 이날, 낮 12시에 길상사의 행지실로 옮겨졌다. 그곳에 도착한 후 제자가 말했다.

"길상사입니다."

스님이 고개를 끄덕였다. 그러곤 마지막 말을 남기고 조용히 눈을 감았다. 중이 되지 않았으면 목수가 되었을지 모른다고 생각했던 그가 세상을 떠났다. 일용할 물건을 만들기 위해 연장을 가지고 똑딱거리고 있으면 아무 잡념도 없이 즐겁기만 했던 스님이 우리 곁을 떠났다.[39] 그는 말했었다.

"중노릇과 목수 일을 간단히 비교할 수는 없지만, 순수하고 무심하기로 말한다면 중노릇보다 목공 일 쪽이 그 창조의 과정에서만은 훨씬 앞설 것이다."[40]

평생 무소유로 일관해온 그, 큰스님이 아닌 비구 법정이 지구별을 떠났다. 무소유 정신을 강조한 유언장 한 장을 남긴 채로.

남기는 말

1. 모든 분들에게 깊이 감사드립니다. 어리석은 탓으로 제가 저지른 허물은 앞으로도 계속 참회하겠습니다.
2. 내 것이라고 하는 것이 남아 있다면 모두 '사단법인 맑고 향기롭게'에 주어 맑고 향기로운 사회를 구현하는 활동에 사용토록 하여주시기 바랍니다. 그러나 그동안 풀어놓은 말빚을 다음 생으로 가져가지 않으려 하니, 부디 내 이름으로 출판한 모든 출판물을 더 이상 출간하지 말아주십시오.
3. 감사합니다. 모두 성불하십시오.

2010년 2월 24일 법정(속명 박재철)

상좌들 보아라

1. 인연이 있어 신뢰와 믿음으로 만나게 된 것을 감사한다. 괴팍한 나의 성품으로 남긴 상처들은 마지막 여행길에 모두 거두어가려 하니 무심한 강물에 흘려보내 주면 고맙겠다. 모두들 스스로 깨닫도록 열과 성을 다해서 거들지 못하고 떠나게 되어 미안한 마음 그지없다. 내가 떠나더라도 마음속에 있는 스승을 따라 청정수행에 매진하여 자신 안에 있는 불성을 드러내기 바란다.
2. 덕조는 맏상좌로서 다른 생각 하지 말고 결제 중에는 제방선원에서, 해제 중에는 불일암에서 10년간 오로지 수행에만 매진한 후 사제들로부터 맏사형으로 존중을 받으면서 사제들을 잘 이끌어주기 바란다.
3. 덕인, 덕문, 덕현, 덕운, 덕진과 덕일은 덕조가 맏사형으로서 존중을 받을 수 있도록 수행을 마칠 때까지는 물론 그 후에도 신의와 예의로 서로 존중하고 합심하여 맑고 향기로운 도량을 이루고 수행하기 바란다.
4. 덕진은 머리맡에 남아 있는 책을 나에게 신문을 배달

한 사람에게 전하여주면 고맙겠다.

5. 내가 떠나는 경우 내 이름으로 번거롭고 부질없는 검은 의식을 행하지 말고, 사리를 찾으려고 하지도 말며, 관과 수의를 마련하지 말고, 편리하고 이웃에 방해되지 않는 곳에서 지체없이 평소의 승복을 입은 상태로 다비하여주기 바란다.

2010년 2월 24일 법정(속명 박재철)

* * *

스님은 무소유의 정신을 남기고 떠났습니다. 스님이 떠났지만 무소유의 정신은 늘 샘물처럼 마르지 않고 흐르고 있습니다. 스님은 7년 전에 자신의 죽음을 준비하고 있었지요. 2003년, 이해인 수녀님에게 보내는 편지에 이렇게 썼습니다. "올해는 스님들이 많이 떠나는데 언젠가 내 차례도 올 것입니다. 죽음은 지극히 자연스러운 생명 현상이기 때문에 겸허히 받아들일 수 있어야 할 것 같습니다. 그날그날 헛되이 살지 않으면 좋은 삶이 될 것입니다."[41] 스님은 말합니다.

그렇다. 이 우주의 근원을 넘나드는 사람에겐 죽음 같은 건 아무것도 아니야. 죽음도 삶의 한 과정이니까. 어린 왕자, 너의 실체는 그 묵은 허물 같은 것이 아닐 거야. 그건 낡은 옷이니까. 옷이 낡으면 새 옷으로 갈아입듯이 우리들의 육신도 그럴 거다. 그리고 네가 살던 별나라로 돌아가려면 사실 그 몸뚱이를 가지고 가기에는 거추장스러울 거다.[42]

스님의 대표작 「영혼의 모음―어린 왕자에게 보내는 편지」의 한 구절입니다. 죽음은 우리 모두의 것입니다. 죽음을 어떻게 대하느냐가 문제입니다. 죽음도 삶의 한 과정으로 겸허히 받아들이는 자세가 중요합니다. 그러면 하루하루의 삶이 연꽃처럼 맑고 향기롭게 되겠지요. 가슴속에 연꽃 한 송이 피워보세요.

법정 스님 연보와 행장

법명: 법정(法頂)
속명: 박재철(朴在喆)

1932년 10월 8일	전남 해남군 문내면 선두리에서 박근배(朴根培) 씨와 김인엽(金仁葉) 씨의 아들로 출생함. 우수영 초등학교, 목포상업학교를 졸업하고 전남대 상과대학 3년을 수료함.
1955년 말	입산 출가
1955년 8월	전국승려대회가 열리고 전국에서 불교 정화 작업이 본격적으로 벌어짐. 정혜원을 중심으로 벌어지는 목포 불교계의 정화 운동 과정에서 도움을 요청받은 스님은 정혜원에서 생활하며 이에 가담함. 이를 계기로 출가의 결심을 굳힌 것으로 보이나 주말이면 축성암을, 방학이면 대흥사, 도갑사 등을 늘 찾아다니던 타고난 불교적 심성과 가정사로 인한 번민, 불교 정화에 대한 사명감이 출가의 직접적인 계기임.
1956년 2월 15일	통영 미래사로 효봉 스님을 찾아감.
1956년 7월 15일	송광사에서 당대의 큰 스승인 효봉 선사를 은사로 사미계 수계

1959년 3월 15일	통도사 금강계단에서 자운 율사를 계사로 비구계 수계
1959년 4월 15일	해인사 전문 강원에서 명봉 화상을 강주로 대교과 졸업
1960년~1961년	운허 스님의 부름을 받고 통도사로 가 『불교사전』 편찬 작업에 동참했고, 이를 계기로 타고난 문재(文才)를 발휘해 글을 쓰기 시작함. 한편 지리산 쌍계사, 가야산 해인사, 조계산 송광사 등 선원에서 수선안거(修禪安居)함.
1967년	동국역경원 개설에 참여하고 역경위원으로 활동함. 1969년에 봉은사 다래헌으로 거처를 옮겨 7년여 동안 경전 번역 작업에 중추적 역할을 담당함.
1972년	스님의 첫 저서 『영혼의 모음』 발간
1973년	불교신문 논설위원, 주필 역임. 함석헌, 장준하 등과 함께 민주수호국민협의회를 결성하고 유신철폐 개헌 서명 운동에 동참했으며 『씨올의 소리』 편집위원으로 참여함.
1975년 10월	인혁당 사건이 발생, 민주화 운동을 하던 젊은이 8명이 사형당한 것을 보고 큰 충격을 받음. 반체제 운동의 한계를 느끼고 송광사로 가 뒷산 중턱에 불일암을 짓고 홀로 수행함.
1976년	스님의 대표적인 저서 『무소유』 발간
1984년~1987년	송광사 수련원장 역임. 1971년부터 구산 스님이 시작한 송광사 선 수련회가 스님의 수련원장 재임 기간에 큰 호응을 받았고, 이와 같은 4박 5일

	간 짧은 출가가 전 불교계로 확산되어 현재는 많은 사찰에서 선 수련회를 하고 있음.
1987년~1990년	보조사상연구원 원장 역임
1987년	김영한 보살(1999년 작고)이 대원각 대지 7천여 평과 건물(40여 동) 일체를 불교의 수행도량으로 바꾸어 달라며 기증할 뜻을 밝힘. 이때 스님은 '평생 주지 노릇을 해본 일도 없고 앞으로도 주지가 될 생각은 없다'며 완곡한 사양의 뜻을 밝힘.
1992년	저작 활동으로 명성이 높아져 많은 불자들의 방문이 이어지자, 다시 출가하는 마음으로 불일암을 떠나 전기도 들어오지 않는 강원도 산골, 화전민이 버리고 간 오두막에서 생활함. 강원도 생활 17년째인 2008년 가을에는 묵은 곳을 털고 남쪽 지방에 임시 거처를 마련함.
1993년 7월	칼럼 〈연못에 연꽃이 없더라〉를 통해 정부의 종교 편향 정책을 지적함. 불교를 상징하는 꽃이라 하여 당시 정부에서 독립기념관, 경복궁, 창덕궁 연못에 있던 연꽃을 제거해버렸다는 이야기를 듣고, 각 현장을 직접 확인한 뒤에 칼럼을 발표함. 정부에서 잘못된 일이라며 시정하겠다는 뜻을 전함. 이 글을 통해 날로 각박해지고 메말라만 가는 인심을 맑고 향기롭게 가꾸기 위한 시민운동을 주창함. 또한 불자들의 시주 덕분에 살아왔으니 그 빚을 갚는다는 뜻으로 '맑고 향기롭게' 모임을 이끎.
1993년 8월	'맑고 향기롭게 살아가기 운동' 발기인 모임. 지인들의 권유로 순수 시민운동인 맑고 향기롭게

	살아가기 운동을 시작함. 모임의 상징을 연꽃으로 하였고, 도안은 고현(조선대 교수)이 제작함.
1993년 10월 10일	프랑스 최초의 한국 사찰 파리 길상사(송광사 파리 분원) 개원. 유럽 여행 도중 프랑스 파리에서 만난 불자 교포들과 유학생들의 어려운 형편을 보고, 재불 화가들과 함께 뜻을 모아 법당을 마련하는 데 나섬. 이때 도움을 받은 화주 불자들을 위해 '길상회'를 결성, 서울 법련사 옆 출판회관에서 매월 1회 모임을 갖고 『선가귀감』 등을 공부함. 이 모임은 길상사 개원 때까지 이어졌고, 맑고 향기롭게 살아가기 운동의 창립에도 도움이 됨.
1994년 3월 26일	맑고 향기롭게 살아가기 운동 창립 법회. 서울 구룡사에서 창립 기념 대중 법문을 함. 4월 4일에는 부산에서도 대중 법문을 하여 사회에 큰 반향을 일으킴. 맑고 향기롭게 모임은 순수 시민단체를 지향, 회원 각자가 자신의 방식대로 후원하는 데 힘입어 물이 흐르는 만큼 물길이 열리듯 성의와 뜻을 모음. 우선은 내 마음을 맑고 향기롭게 지니고, 이웃과 사회를 향한 나눔을 실천하며, 소중하고 감사한 자연을 보전, 보존해가는 일에 힘쓰라는 스님의 뜻을 따라 전국 1만여 회원이 서울, 부산, 대구, 경남, 광주, 대전 등 6개 지역 모임에서 각각 활동하고 있음. 맑고 향기롭게 장학금을 마련해 매년 중·고교생 학비를 지원함.
1995년	맑고 향기롭게 살아가기 운동이 조용히 정착하면서부터 김영한 보살이 거듭 대원각을 법정 스님께 기증하겠다는 뜻을 밝힘. 네 차례나 사양하던

	법정 스님은 주변 사부대중의 간청을 수락해 기증을 받기로 결심함. 다만 스님 개인이 아닌 조계종단의 이름으로, 자신은 상징적인 관리자(주지가 아닌 會主) 입장에서 대원각을 기증받겠다는 의지를 천명함. 대원각 터와 건물 일체를 길상사(吉祥寺)로 창건하면서 대한불교조계종 송광사 분원으로 등록함.
1996년 9월 26일	김영한 보살의 대원각 기증과 길상사 창건 소식이 언론에 알려지면서 전국적인 화제를 불러일으킴. 당시 민심이 흉흉하던 터에 이 따뜻하고 아름다운 소식이 전해지면서 길상사는 창건 법회 이후까지 언론의 중심에 서게 됨.
1996년 12월	사단법인 맑고 향기롭게 이사장 취임. 회원이 생기고 후원금이 들어오면서 모임의 공신력이 필요하다는 건의에 따라 비영리사단법인으로 인가를 받음. 이때 스님은 부득이 '이사장'이라는 세속 직위를 받았으나 그것은 서류상의 직책일 뿐이라며 이사장 대신 '회주(會主)'라는 호칭을 사용함. 회주는 어떤 모임의 중심이 되어 이끌어가는 사람을 가리키는 뜻으로, 이후 불교계에서는 특정한 소임을 맡지 않은 어른 스님을 일컫는 말로 자리 잡음.
1997년 8월	김천 직지사에서 맑고 향기롭게 회원 수련회 실시. 전국에서 회원 120명이 참석했고, 3박 4일의 일정을 스님이 직접 진두지휘함.
1997년 9월~12월	길상사 초대(初代) 주지 청학 스님의 주도로 창건 보수 공사를 실시함. 수십 년 동안 요정으로 사용

	되었던 흔적을 일소하고 주요 건물을 극락전, 설법전, 요사채, 후원, 시민 선방 등으로 개조하는 일에 박차를 가함. 당시 법정 스님은 강원도 산골 마을에 주석하면서, 길상사 창건 준비에 여념이 없는 사부대중을 여러 차례 격려함.
1997년 12월 14일	'맑고 향기롭게' 근본도량 길상사 창건 법회. 김수환 추기경이 축사를 하여 더욱 화제가 됨. 이날 스님은 "길상사가 가난하면서도 맑고 향기로운 도량이 되길 바란다"면서 "선택된 맑은 가난, 즉 청빈은 삶의 미덕이며 마음의 평화를 이루게 하고 올바른 정신을 지니게 한다"라는 내용의 법문을 함.
	법정 스님에게 길상화라는 법명을 받은 김영한 보살이 법회에서 "없는 것을 만들어서 드려야 하는데 있는 것을 내놓았을 뿐이니 의미가 없다"고 말해 모든 이들에게 감동을 줌. 맑고 향기롭게 장학금을 길상화 보살의 뜻을 살려 '맑고 향기롭게 길상화 장학금'으로 바꾸고, 이후 매년 전국의 중·고교생 30명을 선정해서 장학금을 지급함.
1998년 2월 24일	명동성당 축성 100돌 기념 초청 강연. 김수환 추기경의 길상사 창건 법회 축사에 답례하는 성격도 있음. 글 쓰는 것 외에 대중 법문을 하는 경우가 드물었는데, '맑고 향기롭게' 근본도량 길상사 창건에 대한 책임을 지고, 맑고 향기롭게 모임의 회원으로서 역할을 해야 한다며 격월로 대중 법문을 함.
1998년	'마음을 맑고 향기롭게' 하기 위한 노력으로 명

	예 퇴직자를 위한 '내일을 준비하는 사람들' 개설. IMF로 갑작스레 직장에서 내몰리게 된 이들이 언제라도 찾아와 마음을 다스리고 내일을 다시 준비할 용기를 낼 수 있는 수행과 휴식의 공간으로 운영함.
1999년	서울 제기동 보문선원과 연대해 노숙자 무료 급식소 개설. 매일 300명 이상의 노숙자에게 점심을 무료로 제공함.
2000년	결식이웃 밑반찬 지원 사업 시작. 노숙자가 늘어나면서 결식아동이 늘어나고 무의탁 노인들이 급격히 늘어나자 이들을 지원하기 위해 결식이웃 밑반찬 지원 사업을 100가구에 시행한 이래 지금까지 지속하고 있음.(2015년에는 450여 가구 지원) 체험을 통해 환경 문제 및 자연의 소중함을 인식시키기 위해 사찰 생태 문화 기행을 시작, 현재까지 실시하고 있음.
2003년 12월	'맑고 향기롭게' 근본도량 길상사 회주에서 스스로 물러남. 맑고 향기롭게 모임의 이사장직도 사임하겠다는 뜻을 밝혔으나 임원들의 거듭된 만류로 철회함.
2004년	격월로 해오던 '맑고 향기롭게' 근본도량 길상사에서의 대중 법문을 연 2회(4월, 10월)로 변경함.
2005년~2007년	'맑고 향기로운 책'을 월 1권 선정. 3년간 총 36권을 회원 및 일반인에게 읽기를 권유, 독서문화 확대 운동을 펼침.
2007년 10월	폐암 진단을 받음. 이 병고도 당신을 찾아온 친지

	중 하나이니 어르고 달래며 지내겠다는 것을, 친지 및 상좌들이 수차례 간곡히 권유해 치료를 위해 도미함. 세계 최고 권위의 의사들조차 성공률 4%라며 치료를 주저했으나 '이분은 수행자로, 일반인과는 전혀 다르다'는 친지들의 강력한 주장에 치료를 시작해 담당의들이 현대 의학으로는 설명이 불가능하다고 놀랄 정도로 회복함.
2008년 2월	미국에서 치료 마치고 귀국함. 이후 다시 길상사에서 정기적으로 대중 법문을 하고 글도 쓸 정도로 회복함.
2009년 4월	병이 재발하여 치료, 요양함.
2010년 3월 11일	서울 길상사 행지실(行持室)에서 세수 79세, 법랍 56세를 일기로 입적함.

법정 스님이 남긴 책

산문집

『영혼의 모음(母音)』, 동서문화원, 1972.
『무소유』, 범우사, 1976.
『서 있는 사람들』, 샘터, 1978.
『산방한담』, 샘터, 1983.
『물소리 바람소리』, 샘터, 1986.
『텅빈 충만』, 샘터, 1989.
『그물에 걸리지 않는 바람처럼 —숫타니파타 강론집』, 샘터, 1990.
『버리고 떠나기』, 샘터, 1993.
『새들이 떠나간 숲은 적막하다』, 샘터, 1996.
『오두막 편지』, 이레, 1999.
『홀로 사는 즐거움』, 샘터, 2004.
『맑고 향기롭게(대표산문선)』, 조화로운 삶, 2006.
『아름다운 마무리』, 문학의숲, 2008.

법문집

『일기일회(一期一會)』, 문학의숲, 2009.
『한 사람은 모두를 모두는 한 사람을』, 문학의숲, 2009.

잠언집

『산에는 꽃이 피네』, 동쪽나라, 1998.
『봄 여름 가을 겨울』, 이레, 2001.
『살아 있는 것은 다 행복하라』, 조화로운 삶, 2006.

여행서

『인도기행』, 샘터, 1991.

역서 · 편저

『불교성전(공저)』, 동국역경원, 1972.
『효봉어록(曉峰語錄)(공저)』, 조계산삼일암, 1975.
『깨달음의 거울 - 선가귀감』, 홍법원, 1976.
『말과 침묵 -불교의 명언들』, 샘터, 1982.
『나누는 기쁨 - 보현행원품』, 불일출판사, 1984.
『진리의 말씀 - 법구경』, 불일출판사, 1984.
『달이 일천강에 비치리 -효봉 선사의 자취』, 불일출판사, 1984.
『신역 화엄경』, 동국역경원, 1988.
『밖에서 찾지 말라 -보조선사 법어』, 불일출판사, 1989.
『불타 석가모니 -와타나베 쇼코 저』, 샘터, 1990.
『인연 이야기』, 불일출판사, 1992.
『숫타니파타』, 샘터, 1994.

관련 출판물

『아! 장준하 그 심지에 다시 불길을(공저)』, 동과출판사, 1980.
『대화(공저)』, 샘터, 2004.

어린이용 편저

『참 좋은 이야기』, 동쪽나라, 2002.
『참 맑은 이야기』, 동쪽나라, 2002.
『법정 스님의 슬기로운 동화나라 1·2·3』, 동쪽나라, 2003.

오디오북

『산에는 꽃이 피네(낭독: 법정 스님, 이계진)』, 동쪽나라, 1999.
『연꽃 향기를 들으면서(낭독: 김세원)』, 아울루스, 2007.

영문판

『The Mirror of Zen −The Classic Guide to Buddhist Practice of Zen Master So Sahn(선가귀감)』, Shambhala, 2006.
『May All Beings Be Happy(살아 있는 것은 다 행복하라)』, The Good Life, 2006.
『The Sound of Water, the Sound of Wind: And Other Early Works by a Mountain Monk(물소리 바람소리)』, Jain Publishing Company, 2010.

중국어판

『無所有(무소유)』, 天下文化, 2005.
『山中花開(산에는 꽃이 피네)』, 明名文化, 2008.

『凡活著的盡皆幸福(살아 있는 것은 다 행복하라)』, 遠流, 2008.

일본어판

『無所有(무소유)』, 東方出版, 2001.
『すべてを捨てて去る(버리고 떠나기)』, 麗沢大学出版会, 2003.
『生きとし生けるものに幸あれ(살아 있는 것은 다 행복하라)』, 麗澤大学出版会, 2007.
『清く香しく(맑고 향기롭게)』, めるくまーる, 2008.

법정 스님이 사랑한 영혼의 책

종교·철학

서산대사 『선가귀감』
자각종색 『좌선의』
라마크리슈나 『카타므리타 - 불멸의 말씀』
지두 크리슈나무르티 『아는 것으로부터의 자유』, 『삶의 진실에 대하여』,
 『교육과 인생의 의미』, 『마지막 일기』, 『명상집』
마헨드라나드 굽타 『산다는 것과 믿는다는 것(라마크리슈나의 가르침)』
달라이 라마 『용서』
장자 『장자』
노자 『노자』
마르틴 부버 『인간의 길』, 『나와 너』
비노바 바베 『천상의 노래』
뻬라지오와 요한 『사막의 교부들의 금언집』
G. 아꿰예스 『생명을 주는 사랑』
토머스 머튼 『마음의 기도(관상기도)』, 『칠층산』
『화엄경』
『금강경』

『법구경』
『조주록』
『우파니샤드』
『숫타니파타』

소설
___

생텍쥐페리 『어린 왕자』, 『인간의 대지』
미하엘 엔데 『모모』
도스토옙스키 『카라마조프의 형제』
니코스 카잔차키스 『희랍인 조르바』
레프 톨스토이 『사람은 무엇으로 사는가』
괴테 『파우스트』
다이 호우잉 『사람아 아, 사람아!』
리처드 바크 『영혼의 동반자』

자서전·평전
___

마하트마 간디 『간디 자서전』
테드 알렌 『닥터 노먼 베쑨』
작은 형제회 『성 프란치스코의 전기 모음』
팔덴 갸초 『가둘 수 없는 영혼』
박종채 『나의 아버지 박지원』

인문 사회·에세이

초의 선사 『동다송』
소치 허유 『소치실록』
최순우 『한국미: 한국의 마음』
리영희 『대화』
일연 『삼국유사』
칼릴 지브란 『예언자』
피에르 쌍소 『느리게 산다는 것의 의미』
레오 버스카글리아 『살며 사랑하며 배우며』
프랭크 스마이드 『산의 영혼』
막스 피카르트 『침묵의 세계』
에리히 프롬 『사랑의 기술』
헨리 데이비드 소로 『월든』
장 그르니에 『지중해의 영감』
스코트 새비지 『플러그를 뽑은 사람들』
다비드 르 브르통 『걷기 예찬』
랄프 트라인 『나에게서 구하라』
헬런 니어링 『아름다운 삶, 사랑 그리고 마무리』
샤를 드 푸코 『샤를 드 푸코(사하라 사막의 성자)』
장 피에르 카르티에 『농부 철학자 피에르 라비』
정약용 『유배지에서 보낸 편지』

경제사상

E. F. 슈마허 『작은 것이 아름답다』

* 법정 스님의 책에서 언급된, 주목할 만한 책들입니다. 단편이나 내용 일부를 언급한 경우, 이를 수록한 책으로 명기했습니다.

참고문헌·자료

법정, 『영혼의 모음』, 샘터, 2010.
법정, 『서 있는 사람들』, 샘터, 2006
법정, 『물소리 바람소리』, 샘터, 2010.
법정, 『무소유』, 범우사, 2010.
법정, 『오두막 편지』, 이레, 2007.
법정, 『텅빈 충만』, 샘터, 2001
법정, 『홀로 사는 즐거움』, 샘터, 2004.
법정, 『버리고 떠나기』, 샘터, 2001.
법정, 『새들이 떠나간 숲은 적막하다』, 샘터, 2002.
법정, 『일기일회』, 문학의숲, 2009.
법정, 최인호, 『꽃잎이 떨어져도 꽃은 지지 않네』, 여백, 2015.
원정, 『죽비 한 대』, 맑은소리, 2003.
변택주, 『가슴이 부르는 만남』, 불광출판사, 2013.
일아, 『우리 모두는 인연입니다』, 민족사, 2010.
「20년간 맺어온 법정 스님과의 아주 특별한 인연」, 『여성동아』, 2002.8.1.
법정, 〈자전 에세이 나의 길 - 법정 송광사 스님〉, 동아일보, 1990.12.30.

심정섭 기자, 〈법정 스님〉, 법보신문, 2012.8.22.~2012.9.5.
〈오늘의 한국 불교〉, 경향신문, 1968.5.4.
법정, 〈그해 여름에 읽은 책(3)〉, 동아일보, 1972.8.2.
〈서울신문이 만난 사람: 백련불교문화재단 이사장 원택 스님〉, 서울신문, 2014.12.17.
〈수녀 출신 비구니가 본 '붓다 가르침'〉, 서울신문, 2008.12.4.
〈이웃은 살아 있는 부처〉, 경향신문, 1986.4.28.
〈"법정 스님 은밀한 장학금… 입도 뻥긋 못했소": 약속 깨고 털어놓은 문현철 초당대 교수〉, 한겨레신문, 2010.3.16.
김영동, 〈스님의 발걸음서 떠올린 '악상'〉, 경향신문, 1997.11.12.
〈법정 스님을 추모하며: 박청수 원불교 원로 교무〉, 조선일보, 2010.3.13.
〈프랑스에 첫 한국 사찰〉, 동아일보, 1993.10.23.
〈염주 한 벌과 1천억원〉, 동아일보, 1997.12.16.
〈'소로의 월든 호수에서 법정 스님을 만나다' 상민 스님 동행기〉, 뉴시스, 2014.10.21.
〈어려울수록 말 한마디, 표정 하나라도 나눠야〉, 조선일보, 2008.11.17.
〈현장, 법정 스님을 말하다〉, 광주드림신문, 2010.3.17.
〈BBS 뉴스와 사람들〉, 불교방송, 2010.3.26.
맑고 향기롭게 http://www.clean94.or.kr/CmsHome/moim_0101.aspx
맑고 향기롭게 블로그 http://blog.daum.net/honggu82/8418648
법정넷 www.beopjeong.net
길상사 www.kilsangsa.or.kr

주석

1장 출가와 수행

1 "출가 전 스님이 살던 작은 방에는 밀레의 〈만종〉 그림 액자와 큰 책장 2개, 앉은뱅이책상 1개가 있었지요." 박성직 엮음, 『법정 스님 편지 마음하는 아우야!』, 녹야원, 2011, 35쪽.

2 시인 고은은 정혜원 불교 청년회 총무를 하던 박재철을 만났고, 그가 입산하는 데 영향을 끼쳤다고 밝혔다. "이 사람도 나의 현대감각에 반영된 불교에 의해서 입산의 동기를 삼았는데 그가 바로 법정이다."(고은, 〈나의 산하 나의 삶〉, 경향신문, 1992.3.8.)

3 법정, 〈자전 에세이 나의 길 - 법정 송광사 스님〉, 동아일보, 1990.12.30.

4 "나는 아마 전생에 출가 수행자였을 것이다. 이렇게 단정적으로 말할 수 있는 것은 직관적 인식만이 아니라 금생에 내가 익히면서 받아들이는 일들로 미루어 능히 짐작할 수 있다."(법정, 〈자전 에세이 나의 길 - 법정 송광사 스님〉, 동아일보, 1990.12.30.)

5 박성직 엮음, 『법정 스님 편지 마음하는 아우야!』, 녹야원, 2011, 20~21쪽.

6 법정, 〈자전 에세이 나의 길 - 법정 송광사 스님〉, 동아일보,

1990.12.30.
7 법정, 『숫타니파타』, 이례, 2010, 273쪽.
8 법정, 「미리 쓰는 유서」, 『무소유』, 범우사, 2010, 81-82쪽.
9 법정, 『버리고 떠나기』, 샘터, 2001, 41쪽.
10 박성직 엮음, 『법정 스님 편지 마음하는 아우야!』, 녹야원, 2011, 35쪽.
11 법정, 「나그네 길」, 『현대문학』 524호, 1971.9, 322~323쪽.
12 법정, 『영혼의 모음』, 샘터, 2010, 245쪽.
13 법정, 『서 있는 사람들』, 샘터, 2006, 144쪽.
14 법정, 『물소리 바람소리』, 샘터, 2010, 118쪽.
15 법정, 『영혼의 모음』, 샘터, 2010, 257쪽.
16 달라이 라마, 『달라이 라마의 행복』, 자음과모음, 2015, 72쪽.

2장 해인사 시절

1 교양교재편찬위원회, 『선과 자아』, 동국대출판부, 2002, 126~128쪽.
2 법정, 〈자전 에세이 나의 길 - 법정 송광사 스님〉, 동아일보, 1990.12.30.
3 법정, 〈자전 에세이 나의 길 - 법정 송광사 스님〉, 동아일보, 1990.12.30.
4 파울로 코엘료, 『연금술사』, 문학동네, 2001, 241쪽.
5 법정, 〈자전 에세이 나의 길 - 법정 송광사 스님〉, 동아일보, 1990.12.30.
6 발타자르 그라시안, 『지혜의 기술』, 서교출판사, 2008, 53쪽.
7 법정, 『오두막 편지』, 이례, 2007, 188쪽.
8 법정, 〈그해 여름에 읽은 책(3)〉, 동아일보, 1972.8.2.

9   법정, 『영혼의 모음』, 샘터, 2010, 158쪽.
10 법정, 『오두막 편지』, 이레, 2007, 103쪽.
11 톨스토이, 『인생이란 무엇인가2』, 동서문화사, 2004, 417쪽.
12 법정, 『영혼의 모음』, 샘터, 2010, 239쪽.
13 〈오늘의 한국 불교〉, 경향신문, 1968.5.4.
14 〈오늘의 종교를 비판한다〉, 경향신문, 1969.6.21.
15 법정, 『영혼의 모음』, 샘터, 2010, 87쪽.
16 원정, 『죽비 한 대』, 맑은소리, 2003, 141~142쪽.
17 법정, 〈한 덩이 붉은 해가 … – 성철 큰스님을 추모하며〉, 동아일보, 1993.11.9.
18 법정, 『영혼의 모음』, 샘터, 2010, 89쪽.

3장 다래헌 시절

1   스님은 소년에게 애틋한 정을 느꼈습니다. 훗날 스님은 "머리맡에 남아 있는 책을 나에게 신문을 배달한 사람에게 전하여 주면 고맙겠다"라는 유언을 남깁니다.
2   김의정, 「법정 스님 추모 글: 차향같이 맑은 위대한 차인」, 『시사저널』, 2010.3.23.
3   법정, 『텅빈 충만』, 샘터, 2001, 127쪽.
4   법정, 『영혼의 모음』, 샘터, 2010, 152쪽.
5   법정, 『서 있는 사람들』, 샘터, 2006, 165쪽.
6   〈민주수호협 송년대강연회〉, 동아일보, 1974.12.28.
7   법정, 『텅빈 충만』, 샘터, 2001, 90쪽.
8   법정, 〈자전 에세이 나의 길 – 법정 송광사 스님〉, 동아일보, 1990.12.30.

4장 불일암 시절

1. 차 문화 보급의 선구자인 명원 김미희는 송광사, 초의 선사의 일지암 복원을 비롯, 불일암 건축에 무주상보시를 했다.(김의정, 『명원 김미희』, 학고재, 2010; 송지희, 〈명원 김지희〉, 법보신문, 2013.8.22.)
2. 법정, 『서 있는 사람들』, 샘터, 2006, 15쪽.
3. 헨리 데이비드 소로, 『월든』, 소담출판사, 2002, 391쪽.
4. 조현, 〈성철- 법정 스님 '선사상 논쟁' 육성녹음 생생〉, 한겨레신문, 2014.11.11.
5. 〈종교 근본은 깨달음과 실행에〉, 경향신문, 1987.10.24.
6. 〈서울신문이 만난 사람: 백련불교문화재단 이사장 원택 스님〉, 서울신문, 2014.12.17.
7. 법정, 『아름다운 마무리』, 문학의숲, 2010, 182~185쪽.
8. 「20년간 맺어온 법정 스님과의 아주 특별한 인연」, 『여성동아』, 2002.8.1.
9. 법정, 『아름다운 마무리』, 문학의숲, 2010, 182~183쪽.
10. 법정, 『텅빈 충만』, 샘터, 2001, 32~33쪽.
11. 〈이웃은 살아 있는 부처〉, 경향신문, 1986.4.28.
12. 〈이웃은 살아 있는 부처〉, 경향신문, 1986.4.28.
13. 〈이웃은 살아 있는 부처〉, 경향신문, 1986.4.28.
14. 조현, 〈법정, 그는 개혁가였다〉, 한겨레신문, 2010.4.6.
15. 〈이웃은 살아 있는 부처〉, 경향신문, 1986.4.28.
16. 변택주, 『가슴이 부르는 만남』, 불광출판사, 2013, 130쪽.
17. 〈여성동아 대상 수상 수녀 이해인 씨〉, 동아일보, 1985.3.5.
18. 이해인 수녀님에게 보낸 법정 스님의 편지, 천주교대구대교구 http://www.daegu-archdiocese.or.kr/
19. 일아, 『우리 모두는 인연입니다』, 민족사, 2010, 286쪽; 〈수녀 출

	신 비구니가 본 '붓다 가르침'〉, 서울신문, 2008.12.4.
20	법정, 『버리고 떠나기』, 샘터, 2001, 249쪽.
21	〈"법정 스님 은밀한 장학금… 입도 뻥긋 못했소": 약속 깨고 털어놓은 문현철 초당대 교수〉, 한겨레신문, 2010.3.16.
22	법정, 『산방한담』, 샘터, 2007, 343~344쪽.
23	법정, 『오두막 편지』, 이레, 2007, 108쪽.
24	김영동, 〈스님의 발걸음서 떠올린 '악상'〉, 경향신문, 1997.11.12.
25	법정, 『홀로 사는 즐거움』, 샘터, 2004, 53쪽.
26	다비드 르 브르통, 『느리게 걷는 즐거움』, 북라이프, 2014, 220쪽.
27	법정, 『홀로 사는 즐거움』, 샘터, 2004, 110쪽.
28	법정, 『일기일회』, 문학의숲, 2009, 91~92쪽.
29	법정, 『텅빈 충만』, 샘터, 2001, 86쪽.
30	법정, 『버리고 떠나기』, 샘터, 2001, 281쪽.
31	앞의 책, 161쪽.
32	〈법정 스님을 추모하며: 박청수 원불교 원로 교무〉, 조선일보, 2010.3.13.
33	〈지구촌 빈곤: 질병 퇴치 '자비 30년'〉, 동아일보, 1998.2.12.
34	〈추천의 글〉(박청수, 『나를 사로잡은 지구촌 사람들』, 샘터, 1998)
35	칼릴 지브란, 『예언자』, 문예출판사, 2013, 26쪽.
36	〈BBS 뉴스와 사람들〉, 불교방송, 2010.3.26.
37	법정, 『텅빈 충만』, 샘터, 2001, 360쪽.

5장 강원도 오두막 시절

1	법정, 『버리고 떠나기』, 샘터, 2001, 67~68쪽.
2	에크하르트 톨레, 『지금 이 순간을 살아라』, 양문, 2008, 81쪽.
3	법정, 〈산에는 꽃이 피네: 연못에 연꽃이 없더라〉, 동아일보,

1993.7.25.
4 법정, 『산방한담』, 샘터, 2007, 140쪽.
5 〈프랑스에 첫 한국 사찰〉, 동아일보, 1993.10.23.
6 〈도불 50주년 맞은 '빛의 화가' 방혜자〉, 연합뉴스, 2011.9.29.
7 법정, 『산방한담』, 샘터, 2007, 347~348쪽.
8 맑고 향기롭게 http://www.clean94.or.kr/CmsHome/moim_0101.aspx
9 〈세상을 더불어 사는 것: 법정 스님 '맑고 향기롭게 살기' 운동〉, 동아일보, 1994.1.17.
10 맑고 향기롭게 http://www.clean94.or.kr/CmsHome/moim_0101.aspx
11 홍자성, 『채근담』, 소담출판사, 2003, 240~241쪽.
12 "상좌 하나에 지옥이 하나"라는 말은 승가에서 통용되는 말이다.(오명철, 〈법정 스님의 3박4일 '소풍'〉, 동아일보, 2003.7.28.)
13 덕조, 『마음꽃을 줍다』, 김영사, 2015, 59~61쪽.
14 법정, 『새들이 떠나간 숲은 적막하다』, 샘터, 2002, 292쪽.
15 앞의 책, 291~292쪽.
16 〈법정 스님이 남긴 주요 어록〉, 연합뉴스, 2010.3.11.
17 〈염주 한 벌과 1천억원〉, 동아일보, 1997.12.16.
18 법정, 『오두막 편지』, 이레, 2007, 143~144쪽.
19 법정, 〈겨레의 시련 빨리 벗게 하소서〉, 평화신문, 1997.12.21.
20 법정, 〈사랑은 끝나지 않았다: 김수환 추기경을 떠나보내며〉, 조선일보, 2009.2.20.
21 〈'소로의 월든 호수에서 법정 스님을 만나다' 상민 스님 동행기〉, 뉴시스, 2014.10.21.
22 법정 스님은 『아름다운 마무리』의 「간소하게, 더 간소하게」와 「다

시 월든 호숫가에서」를 통해 이곳 방문기를 적고 있다.(문학의숲, 2010, 137~142쪽, 151~155쪽.)

23 법정, 『일기일회』, 문학의숲, 2009, 197쪽.
24 헨리 데이비드 소로, 『월든』, 소담출판사, 2002, 109쪽.
25 앞의 책, 391쪽.
26 법정, 『한 사람은 모두를 모두는 한 사람을』, 문학의숲, 2009, 161쪽.
27 법정, 『새들이 떠나간 숲은 적막하다』, 샘터, 2002, 155쪽.
28 최인호, 〈『길 없는 길』의 경허 스님에게〉, 동아일보, 1996.5.21.
29 〈최인호씨, 수상집 『나는 아직도…』 내〉, 연합뉴스, 1999.7.16.
30 법정, 최인호, 『꽃잎이 떨어져도 꽃은 지지 않네』, 여백, 2015, 176쪽.
31 앞의 책, 180쪽.
32 법정, 『버리고 떠나기』, 샘터, 2001, 66~67쪽.
33 법정, 『일기일회』, 문학의숲, 2009, 351쪽.
34 법정, 『새들이 떠나간 숲은 적막하다』, 샘터, 2002, 345쪽.
35 변택주, 『가슴이 부르는 만남』, 불광출판사, 2013, 175~193쪽.
36 법정, 『새들이 떠나간 숲은 적막하다』, 샘터, 2002, 17쪽.
37 〈어려울수록 말 한마디, 표정 하나라도 나눠야〉, 조선일보, 2008.11.17.
38 법정, 『일기일회』, 문학의숲, 2009, 9쪽.
39 법정, 『오두막 편지』, 이레, 2007, 73쪽.
40 앞의 책, 74쪽.
41 이해인, 〈법정 스님 영전에〉, 동아일보, 2010.3.12.
42 법정, 「영혼의 모음 - 어린 왕자에게 보내는 편지」, 『무소유』, 범우사, 2010, 115쪽.

법정(法頂)

본명 박재철(朴在喆)

출생 1932년 11월 5일(음력 10월 8일) 전라남도 해남군 우수영(문내면)에서 태어났다.

생애 전남대 상과대학에 입학해 3년을 수료했다. 1956년에 효봉 선사의 제자로 출가하고, 1959년 3월에 양산 통도사에서 자운 율사를 계사로 비구계를 받았다. 쌍계사, 해인사, 송광사 등 여러 선원에서 수행했고, 운허 스님과 더불어 불교 경전을 번역했으며 함석헌, 장준하 등과 함께 민주수호국민협의회를 결성해 민주화 운동에 참여하였다. 1970년대 후반, 송광사 뒷산에 직접 불일암(佛日庵)을 지어 홀로 기거했다.

1976년에 나온 산문집 『무소유』를 비롯해 30여 권의 책을 출간한 수필가로서 문명(文名)이 높아지자 1992년, 화전민이 버리고 간 강원도 산골의 오두막으로 옮겨 지냈다. 1994년 순수 시민운동 단체 '맑고 향기롭게'를 만들어 이끌었으며, 1997년에 시주받은 대원각을 고쳐 길상사를 창건하고 회주로 지내기도 했다.

입적 폐암으로 투병하던 중 2010년 3월 11일 길상사에서 세수 79세, 법랍 56세로 입적(入寂)하였다. 기일은 불교식 전통에 따라 매년 음력 1월 26일로 지낸다.

대표 저서 『무소유』, 『서 있는 사람들』, 『산방한담』, 『물소리 바람소리』, 『버리고 떠나기』, 『오두막 편지』, 『홀로 사는 즐거움』 등을 통해 무소유(無所有)의 정신을 전파했다.

종교간 화합 1997년 12월에 길상사 개원법회에 김수환 추기경이 참석하여 축하해 주자, 답례로 1998년 2월에 명동성당을 방문하여 특별 강연을 가져 아름다운 교류를 보였다.

고수유

대학에서 국문과를 졸업한 후 대학원 석사, 박사를 마쳤다. 평소 다양한 글쓰기를 시도한 끝에, 1995년 『문학사상』에 시로 데뷔한 것과 함께 1995~1998년 홍대학예술상 시 1회, 평론 2회 수상했으며, 2013년 동아일보 신춘문예에 중편 소설 「이교도」로 당선(및 인산문학상 수상)됐다. 박사 수료 후 2007~2009년에 홍익대학교에서 글쓰기 강의를 했다. 명상과 불교에 많은 관심을 가져왔기에 박사 학위 논문 『한국 근·현대 불교소설 연구』(2014년, 소명출판에서 동명으로 출간), 학술 논문 「이광수 소설의 대승불교 사상 연구」를 발표했다. 문학 작품으로 2011년에 출간한 시집 『피카소 거리의 풍경』이 있다.